MP3 다운로드 방법

컴퓨터에서

- 네이버 블로그 주소란에 **www.lancom.co.kr** 입력 또는 네이버 블로그 검색창에 **랭컴**을 입력하신 후 다운로드

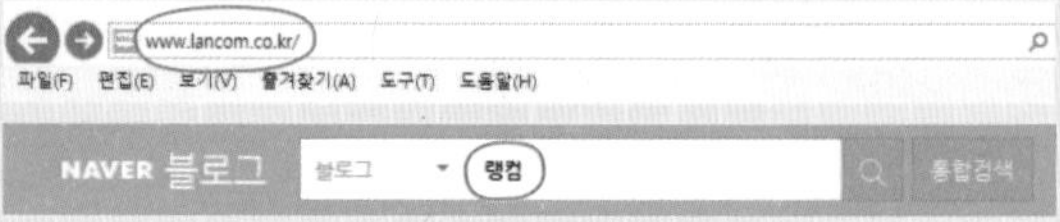

- **www.webhard.co.kr**에서 직접 다운로드
  아이디 : **lancombook**
  패스워드 : **lancombook**

스마트폰에서

콜롬북스 앱을 통해서 본문 전체가 녹음된 **MP3** 파일을 **무료**로 **다운로드**할 수 있습니다.

- 구글플레이 · 앱스토어에서 **콜롬북스 앱** 다운로드 및 설치
- 이메일로 회원 가입 → **도서명** 또는 **랭컴** 검색 → **MP3 다운로드**

MP3 사용법

▶ mp3 다운로드

www.lancom.co.kr에 접속하여 **mp3**파일을 무료로 다운로드합니다.

▶ 우리말과 원어민의 1 : 1 녹음

책 없이도 공부할 수 있도록 원어민 남녀가 자연스런 속도로 번갈아가며 영어 문장을 녹음하였습니다. 우리말 한 문장마다 원어민 남녀 성우가 각각 1번씩 읽어주기 때문에 보다 더 정확한 발음을 익힐 수 있습니다.

▶ mp3 반복 청취

교재를 공부한 후에 녹음을 반복해서 청취하셔도 좋고, 원어민의 녹음을 먼저 듣고 잘 이해할 수 없는 부분은 교재로 확인해보는 방법으로 공부하셔도 좋습니다. 어떤 방법이든 자신에게 잘 맞는다고 생각되는 방법으로 꼼꼼하게 공부하십시오. 보다 자신 있게 영어를 할 수 있게 될 것입니다.

▶ 정확한 발음 익히기

발음을 공부할 때는 반드시 함께 제공되는 mp3 파일을 이용하시기 바랍니다. 언어를 배울 때 듣는 것이 중요하다는 것은 두말할 필요가 없습니다. 오랫동안 자주 반복해서 듣는 연습을 하다보면 어느 순간 갑자기 말문이 열리게 되는 것을 경험할 수 있을 것입니다. 의사소통을 잘 하기 위해서는 말을 잘하는 것도 중요하지만 상대가 말하는 것을 정확하게 듣는 것이 더 중요하다고 합니다. 활용도가 높은 기본적인 표현을 가능한 한 많이 암기할 것과, 동시에 원어민이 읽어주는 문장을 지속적으로 꾸준히 듣는 연습을 병행하시기를 권해드립니다. 듣는 연습을 할 때는 실제로 소리를 내어 따라서 말해보는 것이 더욱 효과적입니다.

포켓북

왕초보 일상 영어회화

포켓북
왕초보 일상 영어회화

2019년 4월 25일 초판 1쇄 인쇄
2021년 1월 15일 초판 5쇄 발행

지은이 이서영
발행인 손건
편집기획 김상배, 장수경
마케팅 이언영
디자인 이성세
제작 최승용
인쇄 선경프린테크

발행처 **LanCom** 랭컴
주소 서울시 영등포구 영신로38길 17
등록번호 제 312-2006-00060호
전화 02) 2636-0895
팩스 02) 2636-0896
홈페이지 www.lancom.co.kr

ISBN 979-11-89204-36-5 13740

나만 믿고 따라와~

만만하게 듣고 당당하게 말한다!

내손에 펼쳐진 **포켓북**

왕초보 일상 영어 회화

이서영 지음

LanCom
Language & Communication

들어가며

국내에서 외국인과 함께 생활하거나 외국에서 직접 그 나라의 사람들과 생활을 할 때는 일상적인 회화는 절대적으로 필요합니다. 따라서 이 책은 '사용할 수 있는 회화'라는 기준을 두고 실제 상황에서 자연스럽게 쓸 수 있는 표현만을 엄선하였습니다. 누구나 배우기 쉽고 또 배운 표현을 통해 다양한 응용이 가능하도록 구성되어 있습니다.

✡ 휴대가 간편한 일상회화

현지에서 그때그때 필요한 회화표현을 쉽게 찾아서 말할 수 있도록 한 손에 쏙 들어가는 사이즈로 만들었습니다.

✡ 상황별로 익히는 상황표현

회화가 일어날 수 있는 다양한 상황들을 크게 10가지 상황으로 분류하였습니다. 하루일과에서 학교생활, 직장생활, 외출, 초대와 방문 등 '일상생활'의 필수 표현을 수록하여 어떤 상황에서도 쉽게 적용할 수 있습니다.

✡ 확장과 응용이 쉬운 내용 선별

이 책은 기본을 익히면 충분히 응용할 수 있는 내용을 선별하여, 상대방이나 상황의 자연스런 흐름을 예상하면서 읽다보면 영어로는 '이렇게 말하면 되는구나'하는 감각이 저절로 생기게 됩니다.

✡ 기본 표현을 응용할 수 있는 대화문

각 유닛에 들어가지 전에 각 상황에 맞는 생생한 대화문을 먼저 수록하여 표현의 정확한 쓰임을 파악할 수 있습니다. 이어서 기본 표현에서는 단순히 많은 표현을 싣기보다는 그 상황에서 가장 많이 쓰이는 6개 표현만을 엄선하여 회화 공부의 부담감을 크게 줄였습니다.

✡ 회화의 감을 높일 수 있는 Check Point!

기본 표현을 익히기 전에 상황별 회화에서의 필요한 뉘앙스 설명이나 팁을 실어 같은 의미라도 어느 표현이 적합한지 판단할 수 있는 감을 기를 수 있습니다. 우리와는 많이 다른 미국 문화에 대한 정보나, 설명이 더 필요한 문장에 대해 단어나 유의어 표현 등을 추가하였습니다.

✡ 왕초보자도 읽을 수 있도록 한글로 영어 발음 표기

이 책은 영어회화를 제대로 구사하지 못해도 영어 밑에 한글로 그 발음을 달아두었기 때문에 또박또박 발음만 잘 한다면 외국인들도 충분히 알아들을 수 있습니다. 또한 무료로 제공하는 MP3 파일에는 원어민의 생생한 목소리가 담겨져 있어 보다 정확한 발음을 익힐 수 있습니다.

차례

Part 4 직장

Part 5 외출

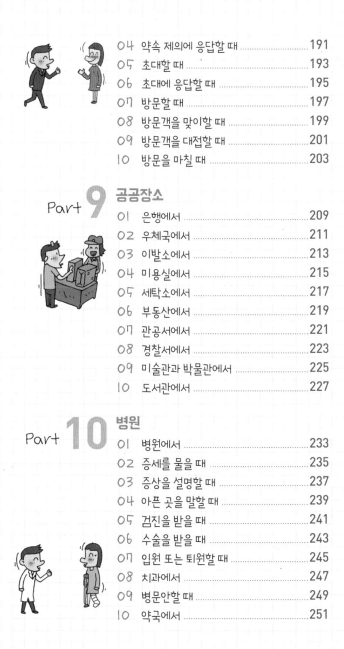

EVERYDAY

Part 01

인사

뽕 뽕 뽕
영어

학습일 / □

Unit

01 일상적으로 인사할 때

Mini Talk

A: **Good morning, Tom.**

굿 모닝, 탐

안녕하세요. 톰.

B: **Good morning, Jane.**

굿 모닝, 제인

안녕하세요. 제인.

Check Point!

동서양을 불문하고 인간관계에 있어 인사는 매우 중요한 예절이에요. 누구를 만나든 인사로 시작해서 인사로 끝나니까요. 하지만 외국인과 만나 자연스럽게 인사를 나누는 것은 그리 쉽지 않죠. 자신감을 가지려면 다양한 상황에서 쓸 수 있는 인사말을 익혀둬야 해요. 천리 길도 한 걸음부터! 한꺼번에 외우려고 애쓰지 말고 쉽고 가벼운 인사말부터 시작해요!

Basic Expression

안녕하세요! (아침인사)

Good morning!

굿 모닝

안녕하세요! (낮인사)

Good afternoon!

굿 애프터눈

안녕하세요! (밤인사)

Good evening!

굿 이브닝

안녕히 주무세요!

Good night!

굿 나잇

안녕하세요! / 안녕!

Hello! / Hi!

헬로우 / 하이

좋은 하루 되세요.

Have a nice day!

해버 나이스 데이

---

01 대화 다시듣기

□ □ □

A: 안녕하세요. 톰.

B: 안녕하세요. 제인.

학습일 / □

Unit
02 근황을 물을 때

Mini Talk

A: **Hi, Tom. How's it going?**

하이, 탐. 하우즈 잇 고우잉

안녕, 톰. 어떻게 지내세요?

B: **Pretty good. And you?**

프리티 굿, 앤드 유

아주 잘 지내요. 당신은요?

Tip

Check Point!

How are you?(안녕하세요?)는 가장 무난하게 누구에게나, 아무 때나 쓸 수 있는 인사말이에요. 그 밖에도 근황을 묻는 인사말은 How로 시작하는 인사말과 What으로 시작하는 인사말로 나눌 수 있어요. How 인사말은 "어떻게 지내요?"라고 기분과 컨디션을 물어보는 것이고, What 인사말은 상대방의 근황을 좀 더 디테일하게 질문하는 거예요.

Basic Expression

어떻게 지내셨어요?

How have you been?

하우 햅 유 빈

어떻게 지내세요?

How are you doing?

하우 아 유 두잉

요즘 어때요?

How's everything?

하우즈 에브리씽

뭐 새로운 소식 있어요?

What's new?

왓츠 뉴

별일 없어요?

What's going on?

왓츠 고우잉 온

가족분들은 잘 지내시죠?

How's your family?

하우즈 유어 패멀리

---

02 대화 다시듣기

□ □ □

A: 안녕, 톰. 어떻게 지내세요?

B: 아주 잘 지내요. 당신은요?

학습일 /

Unit

03 처음 만났을 때

Mini Talk

A: **Hi, I'm Jane. Nice to meet you.**

하이, 아임 제인. 나이스 투 미츄

안녕하세요, 제인이에요. 만나서 반가워요.

B: **Hi, Jane, Pleasure to meet you. I'm Tom.**

하이, 제인, 플레저 투 미츄. 아임 탐

안녕하세요, 제인. 만나서 기뻐요.

난 톰이에요.

Check Point!

처음 만난 외국인과 인사하는 것은 사실 생각처럼 쉽지 않아요. 게다가 격식 있는 자리인지 가벼운 친구 소개인지, 상대가 남자인지 여자인지 어른인지 아이인지, 혼자 만나는지 여럿이 만나는지, 앞으로 오래 봐야 할 사람인지 그냥 지나치는 사람인지 상황도 엄청나게 다양하죠. 하지만 첫인사는 결국 다 비슷비슷해서 몇 가지만 알면 돼요.

Basic Expression

만나서 반갑습니다.

I'm glad to meet you.

아임 글래드 투 미츄

저 역시 만나서 반갑습니다.

Glad to meet you, too.

글래드 투 미츄, 투

만나서 기뻐요.

Nice to meet you.

나이스 투 미츄

만나서 반가워요.

Good to meet you.

굿 투 미츄

만나서 기뻐요.

It's a pleasure to meet you.

잇츠 어 플레저 투 미츄

말씀은 많이 들었습니다.

I've heard a lot about you.

아이브 허드 어 랏 어바웃 유

03 대화 다시듣기

□ □ □

A: 안녕하세요, 제인이에요. 만나서 반가워요.

B: 안녕하세요, 제인. 만나서 기뻐요. 난 톰이에요.

Unit 04 오랜만에 만났을 때

Mini Talk

A: **It's nice to see you again! It's been ages.**

잇츠 나이스 투 씨 유 어겐! 잇츠 빈 에이지즈

다시 만나서 반가워요. 오랜만이에요.

B: **Same here, Jane. How have you been?**

쎄임 히어, 제인. 하우 햅 유 빈

저도요, 제인.

그동안 어떻게 지내셨어요?

Tip

Check Point!

오랜만에 만났을 때 가장 일반적으로 쓰는 인사 표현은 It's been a long time.(오랜만입니다)입니다. 친구 사이에서는 Long time no see.(오랜만이야!)를 가장 많이 쓰죠. 이어지는 표현은 Time flies.(세월 참 빠르네요) / It's good to see you again.(다시 만나 반가워요) / You haven't changed at all.(하나도 안 변하셨어요) / I've missed you.(보고 싶었어요) 등이 있어요.

Basic Expression

오랜만이에요.

It's been a long time.

잇츠 빈 어 롱 타임

정말 오랜만이에요.

It's been so long.

잇츠 빈 쏘우 롱

오랜만이야.

Long time no see.

롱 타임 노 씨

그동안 어떻게 지내셨어요?

How have you been?

하우 햅 유 빈

오랜만이네요, 그렇죠?

It's been a long time, hasn't it?

잇츠 빈 어 롱 타임, 해즌ㅌ 잇

다시 만나니 반가워요.

I'm glad to see you again.

아임 글래드 투 씨 유 어겐

04 대화 다시 듣기

☐ ☐ ☐

A: 다시 만나서 반가워요. 오랜만이에요.

B: 저도요, 제인. 그동안 어떻게 지내셨어요?

Unit 05 우연히 만났을 때

Mini Talk

A: **Look who's here! How are you, Jane?**

룩 후즈 히어! 하우 아 유, 제인

아니 이게 누구야! 잘 있었어, 제인?

B: **Just fine, Tom. Good to see you again.**

저슷 파인, 탐. 굿 투 씨 유 어겐

잘 지내죠, 톰.

다시 만나 반가워요.

Check Point!

어디서 우연히 아는 사람을 만나면 왠지 놀랍고 반가운 기분이 들죠? 그래서 약간 과장된 표현을 하게 됩니다. 가장 자주 쓰는 인사는 Look who's here!(이게 누구야!) / What brings you here?(여긴 어쩐 일이세요?) 등의 간단하고 경쾌한 표현이죠. 친하지 않은 사람이라면 I didn't expect to see you here.(여기서 만날 줄은 생각도 못했네요) 정도로 인사하면 무난해요.

Basic Expression

웬일이니!

What a surprise!

와러 써프라이즈

이게 누구야!

Look who's here!

룩 후즈 히어

세상 정말 좁군요.

What a small world!

와러 스몰 월드

여긴 어쩐 일이세요?

What brings you here?

왓 브링스 유 히어

당신을 이런 곳에서 만나다니 대박!

Fancy meeting you here!

팬시 미팅 유 히어

(보고 싶던 참이었는데) 마침 잘 만났어요.

Just the person I wanted to see!

저스트 더 퍼쓴 아이 원티드 투 씨

05 대화 다시 듣기

□□□

A: 아니 이게 누구야! 잘 있었어, 제인?

B: 잘 지내죠, 톰. 다시 만나 반가워요.

학습일 / ☐

Unit 06

헤어질 때

Mini Talk

A: **Good bye, Jane. Say hello to Tom.**

굿 바이, 제인. 쎄이 헬로우 투 탐

잘 있어, 제인. 톰에게 안부 전해줘.

B: **I will. Say hello to Dick, too.**

아이 윌. 쎄이 헬로우 투 딕, 투

그럴게. 딕에게도 내 안부 전해줘.

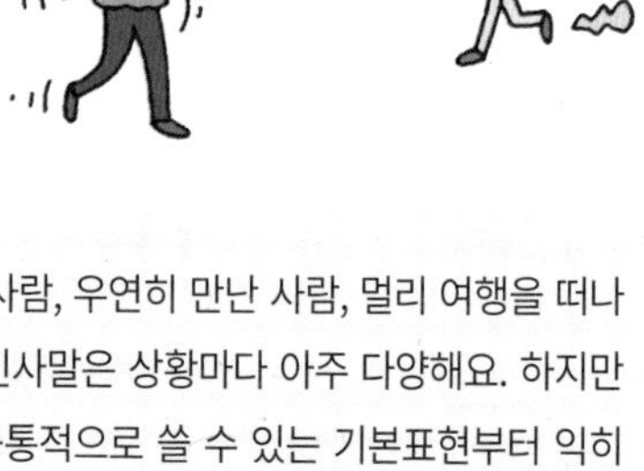

Check Point!

매일 만나는 사람, 오랜만에 만난 사람, 우연히 만난 사람, 멀리 여행을 떠나는 사람 등 헤어질 때 쓸 수 있는 인사말은 상황마다 아주 다양해요. 하지만 초보자들은 일단 어떤 상황이든 공통적으로 쓸 수 있는 기본표현부터 익히는 것이 중요해요. Good bye.(안녕히 가세요) / See you later.(나중에 봐요) 등의 쉽고 간단한 관용 표현들을 먼저 익혀 적절하게 활용해 보세요.

Basic Expression

안녕히 가세요(계세요)!

Good Bye!

굿 바이

몸 조심하세요.

Take care of yourself.

테익 케어럽 유어쎌프

나중에 봐요.

See you later.

씨 유 레이러

또 봐요.

See you around.

씨 유 어라운드

곧 다시 만나요.

See you again soon.

씨 유 어겐 쑨

브라운에게 안부 전해 줘요.

Say hello to Brown.

쎄이 헬로우 투 브라운

---

06 대화 다시듣기

A: 잘 있어, 제인. 톰에게 안부 전해줘.

B: 그럴게. 딕에게도 내 안부 전해줘.

☐ ☐ ☐

학습일 / □

Unit

07 고마울 때

Mini Talk

A: **Thank you for helping me.**

땡큐 포 헬핑 미

도와주셔서 고맙습니다.

B: **You're welcome.**

유어 웰컴

천만에요.

Check Point!

영어권 사람들은 thank you.를 거의 입에 달고 산다고 해도 과언이 아니에요. 꼭 그래서는 아니지만 아무튼 누군가에게 도움을 받았을 때는 반드시 인사를 해야 합니다. 감사 표현은 주로 Thank you (for) ~.나 I appreciate your ~. 패턴을 사용하는데 기본적으로 thank는 사람 또는 행위에 대해(뒤에 for를 붙여서) 모두 쓸 수 있고, appreciate는 행위에 대해서만 씁니다.

Basic Expression

고마워요.

Thank you. / Thanks.

땡큐 / 땡스

너무 고마워요.

Thanks a lot.

땡스 어 랏

진심으로 감사드립니다.

I heartily thank you.

아이 하틀리 땡큐

와 주셔서 감사합니다.

Thank you for coming.

땡큐 포 커밍

호의에 감사드립니다.

I appreciate your kindness.

아이 어프리쉬에잇 유어 카인드니스

도와주셔서 감사합니다.

Thank you for helping me.

땡큐 포 헬핑 미

---

07 대화 다시 듣기

□ □ □

A: 도와주셔서 고맙습니다.

B: 천만에요.

학습일 / □

Unit

08 미안할 때

Mini Talk

A: **I'm sorry I'm late.**

아임 쏘리 아임 레잇

늦어서 죄송해요.

B: **That's all right.**

댓츠 올 라잇

괜찮아요.

Check Point!

실수나 잘못에 대해 사과할 때는 보통 I'm sorry.(미안합니다)나 Excuse me.(미안합니다/실례합니다)라는 표현을 사용하고, 보통 That's all right.(괜찮습니다) 정도로 대답합니다. Excuse me.는 거의 Thank you.만큼이나 자주 쓰지만 I'm sorry.는 아주 신중하게 사용해요. 그냥 가벼운 사과가 아니라 모든 책임을 인정한다는 사죄의 의미가 들어있기 때문이죠.

Basic Expression

정말 죄송해요.

I'm very sorry.

아임 베리 쏘리

미안해요, 괜찮으세요?

Sorry, are you all right?

쏘리, 아 유 올 라잇

사과드립니다.

I apologize to you.

아이 어팔러좌이즈 투 유

용서해 주십시오.

Please forgive me.

플리즈 포깁 미

늦어서 미안해요.

I'm sorry for being late.

아임 쏘리 포 빙 레잇

제가 한 말에 대해 사죄드립니다.

I apologize for what I said.

아이 어팔러좌이즈 포 웟 아이 쎄드

08 대화 다시듣기

□ □ □

A: 늦어서 죄송해요.

B: 괜찮아요.

학습일 / □

Unit 09 축하할 때

Mini Talk

A: I am happy. I just heard I passed my exam.

아이 엠 해피. 아이 저스트 허드 아이 패스트 마이 이그잼

행복해. 방금 내가 시험에 합격했다고 들었어.

B: Congratulations!

컨그래철레이션즈

축하해!

Check Point!

Congratulations!는 노력해서 목적을 성취했거나 경쟁에서 승리했을 때 축하하는 표현입니다. 일반적으로 입학, 졸업, 취업 또는 무슨 대회에서 상을 타거나 합격했을 때 쓰는 축하 표현이죠. 그래서 원래는 결혼식에서 신랑 신부에게 쓸 수 있는 축하 표현이 아니지만 워낙 대표적인 축하 표현이다 보니 요즘은 그냥 두루두루 많이 쓰는 것 같아요. 끝에 -s 붙이는 거 잊지 마세요!

축하합니다!

Congratulations!

컨그래철레이션즈

생일 축하해요.

Happy birthday to you!

해피 버쓰데이 투 유

결혼을 축하해요.

Congratulations on your wedding!

컨그래철레이션즈 온 유어 웨딩

성공을 축하드립니다.

Congratulations on your success.

컨그래철레이션즈 온 유어 썩세스

우리의 승리를 자축합시다.

Let's celebrate our victory!

렛츠 샐러브레잇 아워 빅터리

늦었지만 생일 축하해요.

It's late, but happy birthday!

잇츠 레잇, 벗 해피 버쓰데이

09 대화 다시 듣기

☐ ☐ ☐

A: 행복해. 방금 내가 시험에 합격했다고 들었어.

B: 축하해!

학습일 /

Unit 10

환영할 때

Mini Talk

A: I'm Jane White. I'm the new recruit here.

아임 제인 화이트. 아임 더 뉴 리쿠르트 히어

제인 화이트입니다. 신입사원이에요.

B: Hi, Jane. Welcome aboard! I'm Paul Brown.

하이, 제인. 웰컴 어보드! 아임 폴 브라운

안녕하세요, 제인.
입사를 환영합니다.
저는 폴 브라운이에요.

Tip

Check Point!

누군가를 환영할 때 가장 많이 쓰는 표현은 Welcome!이죠. 언제 어디서나 쓸 수 있는 가장 쉽고 간단하고 무난한 표현이에요. 상황에 따라 Welcome to my home.(어서 오세요) / Welcome to Korea.(한국에 오신 것을 환영해요) / Welcome aboard.(입사를 축하해요) / Glad to have you with us.(같이 일하게 되어 반가워요) 등으로 기쁘게 환영하는 마음을 표현해 주세요.

Basic Expression

환영합니다!

Welcome!

웰컴

돌아오신 걸 환영합니다.

Welcome back.

웰컴 백

입사를 환영합니다.

Welcome aboard.

웰컴 어보드

한국에 오신 것을 환영합니다.

Welcome to Korea.

웰컴 투 코리어

아무 때나 오세요.

You are welcome at any time.

유 아 웰컴 앳 에니 타임

진심으로 환영합니다.

I welcome you with my whole heart.

아이 웰컴 유 윗 마이 호울 하트

---

10 대화 다시 듣기 □ □ □

A: 제인 화이트입니다. 신입사원이에요.

B: 안녕하세요, 제인. 입사를 환영합니다. 저는 폴 브라운이에요.

앞에서 배운 대화 내용입니다. 빈 칸을 채워보세요. 기억이 잘 안 난다고요?
녹음이 있잖아요. 녹음을 듣고 써보세요 . 정답은 각 유닛에서 확인하세요.

01 일상적으로 인사할 때

A: ______________________, Tom.

B: Good morning, Jane.

안녕하세요. 톰.
안녕하세요. 제인.

02 근황을 물을 때

A: Hi, Tom. ______________________?

B: Pretty good. And you?

안녕, 톰. 어떻게 지내세요?
아주 잘 지내요. 당신은요?

03 처음 만났을 때

A: Hi, I'm Jane. ______________________.

B: Hi, Jane, Pleasure to meet you. I'm Tom.

안녕하세요, 제인이에요. 만나서 반가워요.
안녕하세요, 제인. 만나서 기뻐요. 난 톰이에요.

04 오랜만에 만났을 때

A: It's nice to see you again! ______________________.

B: Same here, Jane. How have you been?

다시 만나서 반가워요. 오랜만이에요.
저도요, 제인. 그동안 어떻게 지내셨어요?

05 우연히 만났을 때

A: ______________________! How are you, Jane?

B: Just fine, Tom. Good to see you again.

아니 이게 누구야! 잘 있었어, 제인?
잘 지내죠, 톰. 다시 만나 반가워요.

06 헤어질 때

A: ____________________, Jane. Say hello to Tom.
B: I will. Say hello to Dick, too.

잘 있어, 제인. 톰에게 안부 전해줘.
그럴게. 딕에게도 내 안부 전해줘.

07 고마울 때

A: Thank you for helping me.
B: ______________________________.

도와주셔서 고맙습니다.
천만에요.

08 미안할 때

A: ______________________ I'm late.
B: That's all right.

늦어서 죄송해요,
괜찮아요.

09 축하할 때

A: I am happy. I just heard I passed my exam.
B: ___________________________!

행복해. 방금 내가 시험에 합격했다고 들었어.
축하해!

10 환영할 때

A: I'm Jane White. I'm the new recruit here.
B: Hi, Jane. ______________________! I'm Paul Brown.

제인 화이트입니다. 신입사원이에요.
안녕하세요, 제인. 입사를 환영합니다. 저는 폴 브라운이에요.

Part 02

하루

영어

학습일 / □

Unit

01 아침에 일어날 때

Mini Talk

A: **Jane, did you get up?**

제인, 디쥬 겟 업

제인, 일어났니?

B: **Yes, I did.**

예스, 아이 디드

네, 일어났어요.

Check Point!

아침에 일어나면(get up) 먼저 잠자리를 정리하고(make the bed), 세수하고(wash my face), 이 닦고(brush my teeth), 머리 빗고(brush my hair) 등등 아침에 일어나서 하는 일은 누구나 다 똑같죠. 하지만 사용할 수 있는 표현들은 생각보다 참 많아요. 깨우는 표현만 해도 Wake up.(일어나) / Get up.(일어나) / The sun is up.(해 떴어) 등등 정말 다양하죠.

일어났니?

Did you get up?

디쥬 겟 업

얼른 일어나거라.

Get up quickly.

겟 업 퀵클리

일어날 시간이야!

It's time to get up!

잇츠 타임 투 겟 업

아직 졸려요.

I'm still sleepy.

아임 스틸 슬리피

잠은 잘 잤니?

Did you sleep well?

디쥬 슬립 웰

악몽을 꿨어요.

I had a nightmare.

아이 햇 어 나잇메어

01 대화 다시 듣기

□ □ □

A: 제인, 일어났니?

B: 네, 일어났어요.

학습일 /

Unit
02 아침식사

Mini Talk

A: **Come and eat, Jane.**

컴 앤 잇, 제인

제인, 와서 밥 먹어.

B: **I'm coming, Mom.**

아임 커밍, 맘

가요, 엄마.

Check Point!

아침(breakfast)을 잘 먹는 것이 무척 중요하다는데 너무 바빠서 아침식사는 꿈도 못 꾸는 현대인들이 많죠. I just drink coffee for breakfast.(아침에는 커피만 마셔) / I have rice and soup for breakfast.(아침에 밥과 국을 먹어) / I usually eat a light breakfast.(아침은 대개 간단하게 먹어) / I am too busy to eat breakfast.(너무 바빠서 아침을 못 먹어)

Basic Expression

와서 밥 먹어.

Come and eat.

컴 앤 잇

밥 먹기 전에 손 씻어라.

Wash your hands before meals.

워시 유어 핸즈 비풔 밀즈

오늘 아침은 뭐예요?

What's for breakfast?

왓츠 포 블랙퍼스트

오늘 아침은 오믈렛이야.

I prepared an omelet for breakfast.

아이 프리페어드 언 어믈릿 포 블랙퍼스트

잘 먹었습니다.

I've had enough.

아이브 햇 이너프

아침 먹을 시간 없어요.

I don't have time for breakfast.

아이 돈ㅌ 햅 타임 포 블랙퍼스트

02 대화 다시듣기

□ □ □

A: 제인, 와서 밥 먹어.

B: 가요, 엄마.

학습일 / □

Unit

03 집을 나설 때

Mini Talk

A: **I'm leaving. Bye mom!**

아임 리빙. 바이 맘

다녀올게요, 엄마.

B: **What time will you come home?**

왓 타임 윌 유 컴 호움

몇 시에 돌아오니?

Check Point!

학교에 가건 회사에 출근을 하건 아침에 집을 나설 때는 누구나 늘 정신없이 바쁘죠? '출근하다'라는 말은 대개 go to work나 get to work, come to work로 표현해요. 집에서 나올 때는 be off to work를 써서 I'm off to work now, mom!(엄마, 나 지금 일하러 가요!)라고 표현하기도 하고 start를 쓸 때도 있어요. What time do you start work?(언제 출근해?)

Basic Expression

이 닦았니?

Did you brush your teeth?

디쥬 브러쉬 유어 티쓰

세수 했니?

Did you wash your face?

디쥬 워시 유어 페이스

빨리 옷 입어라.

Hurry up and get dressed.

허리 업 앤 겟 드레스트

오늘은 뭘 입지?

What should I wear today?

왓 슈다이 웨어 투데이

다녀올게요.

I'm leaving.

아임 리빙

오늘은 몇 시에 돌아오니?

What time will you come home today?

왓 타임 윌 유 컴 호움 투데이

---

03 대화 다시듣기

□ □ □

A: 다녀올게요, 엄마.

B: 몇 시에 돌아오니?

학습일 / ☐

Unit

04 집안일

Mini Talk

A: **I'll do the dishes tonight.**

아일 두 더 디쉬즈 투나잇

오늘 저녁 설거지는 제가 할게요.

B: **That sounds good!**

댓 싸운즈 굿

그거 좋은데!

Check Point!

청소, 빨래, 요리, 설거지 등의 온갖 집안일을 영어로는 household chores 라고 해요. do the household chores(집안일을 하다)를 써서 Who does the household chores?(집안일은 누가 해요?)라고 표현하죠. 진공청소기로 돌리는 것은 vacuum, 바닥을 닦는 것은 wipe, 빨래는 do the laundry, 요리는 cook, 설거지는 do the dishes 혹은 wash the dishes예요.

Basic Expression

내 방은 너무 지저분해요.

My room is so messy.

마이 룸 이즈 쏘우 메시

방 청소 좀 해라.

Clean up your room.

클린 업 유어 룸

쓰레기 좀 내다버려 줄래?

Can you throw out the garbage?

캔 유 쓰로우 아웃 더 가비쥐

설거지는 제가 할게요.

I'll do the dishes.

아일 두 더 디쉬즈

진공청소기로 바닥을 청소했어요.

I vacuumed the floor.

아이 배큠드 더 플로어

바닥 좀 닦아줄래?

Would you mop the floor?

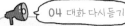

우쥬 맙 더 플로어

04 대화 다시듣기

A: 오늘 저녁 설거지는 제가 할게요.

B: 그거 좋은데!

□ □ □

학습일 / □

Unit 05 **세탁**

Mini Talk

A: **There's a pile of laundry.**

데어즈 어 파일 업 론드리

빨래가 쌓여 있어요.

B: **I'll run the washing machine.**

아일 런 더 워싱 머신

내가 세탁기 돌릴게요.

Check Point!

세탁에 대한 영어 표현은 세탁 관련 용어 몇 개만 알면 어려울 게 없어요. '세탁하다'는 do the laundry 또는 do the wash, '세탁물'은 wash 또는 laundry, 세탁기는 washing machine 또는 간단하게 washer, 빨랫줄은 clothesline 또는 washing line, 빨래판은 washboard, 빨래건조대는 clothes drying rack, 빨래집게는 a clothespin, 빨래통은 a washtub예요.

빨래가 쌓여 있어요.

There's a pile of laundry.

데어즈 어 파일 업 론드리

다려야 할 옷이 산더미예요.

There's a huge pile of ironing.

데어즈 어 휴쥐 파일 업 아이언닝

빨래를 해야 해요.

I have to do laundry.

아이 햅 투 두 론드리

건조대에 빨래 좀 널어 줘요.

Hang out the washing on the rack, please.

행 아웃 더 워싱 온 더 랙, 플리즈

빨래를 개야 해요.

I have to fold the laundry.

아이 햅 투 폴드 더 론드리

빨래할 거 있어요?

Do you have anything to wash?

두 유 햅 에니씽 투 워시

05 대화 다시 듣기

A: 빨래가 쌓여 있어요.

B: 내가 세탁기 돌릴게요.

□ □ □

학습일 / ☐

Unit

06 귀가

Mini Talk

A: I'm home.

아임 호움

다녀왔어요.

B: Come on, dinner's almost ready.

컴 온, 디너즈 올모스트 레디

어서 오세요, 저녁 준비 거의 다 됐어요.

Check Point!

하루 종일 열심히 일하다 보면 어느새 퇴근할 시간이 되죠. '퇴근하다'는 get off work 패턴을 써요. get off라고? 무척 익숙하죠? 아하, 버스나 지하철, 택시에서 내릴 때 get off를 쓰죠! 퇴근도 일에서 벗어나는 것이기 때문에 get off work라는 표현을 쓰는 거겠죠. leave work나 leave the office라고 해도 되요. I am ready to get off work.(퇴근할 준비 됐어)

Basic Expression

다녀왔습니다.

I'm home.

아임 호움

오늘 어땠어요?

How was your day?

하우 워즈 유어 데이

간식 좀 주세요.

May I have some snack?

메이 아이 햅 썸 스낵

저녁식사 준비됐어요.

Dinner's ready.

디너즈 레디

밥 먹기 전에 샤워할게요.

I'll take a shower before dinner.

아일 테익 어 샤워 비풔 디너

오늘은 좀 늦을 거예요.

I might be home late.

아이 마이트 비 호움 레이트

---

06 대화 다시듣기

☐ ☐ ☐

A: 다녀왔어요.

B: 어서 오세요, 저녁 준비 거의 다 됐어요.

학습일 ／ □

Unit 07 요리

Mini Talk

A: Can I help you cooking?

캔 아이 핼프 유 쿠킹

요리하는 걸 좀 도와드릴까요?

B: Set the table.

쎗 더 테이벌

식탁을 차려라.

Check Point!

음식을 먹을 때는 흔히 음식 얘기를 많이 하게 되잖아요. 그럴 때 기본적인 조리 용어만 알아도 한결 듣고 말하기가 쉬워져요. boiling(끓이거나 삶기), parboil(반숙하기), blanching(데치기), steaming(찌기), frying(튀기기), sauteing(프라이팬에 기름을 살짝 넣고 빨리 볶기), stirfry(웍(wok)을 사용해 볶기), broilling(굽기), grilling(굽기). roasting(오븐에서 굽기)

Basic Expression

내가 점심 준비할게요.

I'll fix lunch.

아일 픽스 런치

테이블 세팅은 내가 할게요.

Let me set the table.

렛 미 셋 더 테이벌

반죽을 얇게 미세요.

Roll the dough thin.

로울 더 도우 씬

마늘하고 생강 좀 넣어주세요

Add in some garlic and ginger.

애드 인 썸 갈릭 앤 진저

고기를 아주 얇게 저미세요.

Cut the meat into very thin slices.

컷 더 밋 인투 베리 씬 슬라이시즈

양파를 버터에 볶아주세요.

Fry the onion in the butter.

프라이 디 어니언 인 더 버터

07 대화 다시 듣기

A: 요리하는 걸 좀 도와드릴까요?

B: 식탁을 차려라.

☐ ☐ ☐

학습일 /

Unit
08 저녁식사

Mini Talk

A: **What did you have for dinner?**
왓 디쥬 햅 포 디너
저녁에 뭐 먹었어요?

B: **I had a ham sandwich.**
아이 햇 어 햄 쌘드위치
햄샌드위치요.

Tip

Check Point!

저녁식사에 대해 말할 때 dinner와 supper 둘 다 쓸 수 있어요. dinner는 '하루의 주된 식사, 정찬, 만찬'을 뜻하는 저녁식사를 말하고, supper는 '격식 없이 집에서 먹는 저녁식사'를 말해요. 미국인들은 대부분 저녁에 정찬(dinner)을 먹기 때문에 dinner가 저녁식사로 쓰이는 거죠. 만약 하루의 주된 식사가 점심에 제공되면 그것 역시 dinner라고 부른답니다.

Basic Expression

오늘 저녁 메뉴는 뭐예요?

What's on the menu tonight?

왓츠 온 더 메뉴 투나잇

저녁은 어떤 걸 먹을까요?

What do you like for dinner?

왓 두 유 라익 포 디너

반찬으로 불고기를 먹었어요.

I had bulgogi with side dishes.

아이 햇 불고기 윗 싸이드 디쉬즈

우리는 토요일마다 음식 장을 봐요.

We go food shopping on Saturdays.

위 고우 푸드 샤핑 온 쎄터데이즈

입에 맞게 소금으로 간을 맞추세요.

Season to taste with salt.

씨즌 투 테이스트 윗 쏠트

커피물 좀 올려주실래요?

Could you start the coffee?

쿠쥬 스타트 더 카피

---

08 대화 다시 듣기

☐ ☐ ☐

A: 저녁에 뭐 먹었어요?

B: 햄샌드위치요.

학습일 /

Unit 09

잠자기 전에

Mini Talk

A: **What are you doing?**

웟 아 유 두잉

뭐하니?

B: **I'm just watching TV.**

아임 저스트 와칭 티비

그냥 TV 보고 있어요.

Check Point!

잠자리에 들기 전에 하는 인사는 그날의 수고를 마무리하고 내일을 활기차게 맞이하라는 응원의 메시지일 수도 있어요. 잠자기 전 인사의 대명사 Good Night!을 SNS에서는 Gnite!이라고 써요. Nighty night.(잘 자), Time to catch some z's now.(이제 잘 시간이야) 여기서 z's는 잠(sleep)을 뜻하는 속어예요. Sweet dreams.(좋은 꿈 꿔)처럼 다정한 인사도 있어요.

Basic Expression

뜨거운 물로 목욕하고 싶어요.

I'd like to take a hot bath.

아이드 라익 투 테익 어 핫 배쓰

텔레비전에서 뭐 재미있는 거 해요?

Is there anything good on TV?

이즈 데어 에니씽 굿 온 티비

숙제는 했니?

Did you do your homework?

디쥬 두 유어 호움웍

게임 좀 그만하지 그러니?

Why don't you just stop playing games?

와이 돈ㅌ 유 저스트 스탑 플레잉 게임즈

잭! 이제 잘 시간이야.

Hey, Jack! It's time for bed now.

헤이, 잭! 잇츠 타임 포 베드 나우

잘 자. 좋은 꿈 꿔.

Goodnight. Sweet dreams.

굿나잇. 스윗 드림즈

---

09 대화 다시듣기

☐ ☐ ☐

A: 뭐하니?

B: 그냥 TV 보고 있어요.

학습일 / □

Unit

10 휴일

Mini Talk

A: **Get up! Let's go grocery shopping.**

겟 업! 렛츠 고우 그로우서리 샤핑

일어나요! 장보러 갑시다.

B: **No, I want to sleep in on Sundays.**

노, 아이 원 투 슬립 인 온 썬데이즈

싫어요. 일요일엔 늦잠자고 싶어요.

Tip

Check Point!

우리에게 노는 날은 다 휴일로 통하지만 영어권에서는 종류마다 휴일 명칭이 달라요. Holiday는 국가에서 정한 휴일을 말하는데 영국에서만 개인적인 휴가예요. 월차는 days off, 병가는 sick leave, 출산휴가는 maternity leave 예요. 학교나 직장에서 받는 방학과 휴가는 break 또는 vacation으로 표현해요. winter break(겨울방학), summer vacation(여름방학)

Basic Expression

오늘 우리 뭐 할까요?

What shall we do today?

왓 쉘 위 두 투데이

낮잠을 자고 싶어요.

I want to take a nap.

아이 원 투 테익 어 냅

그냥 좀 쉬어야겠어요.

I need to just rest.

아이 니드 투 저스트 레스트

공원에 갈까요?

How about going to the park?

하우 어바웃 고우잉 투 더 파크

장보러 갑시다.

Let's go grocery shopping.

렛츠 고우 그로우서리 샤핑

오늘 저녁은 외식하는 게 어때요?

How about going out for dinner?

하우 어바웃 고우잉 아웃 포 디너

10 대화 다시 듣기

□ □ □

A: 일어나요! 장보러 갑시다.

B: 싫어요. 일요일엔 늦잠자고 싶어요.

앞에서 배운 대화 내용입니다. 빈 칸을 채워보세요. 기억이 잘 안 난다고요?
녹음이 있잖아요. 녹음을 듣고 써보세요 . 정답은 각 유닛에서 확인하세요.

01 아침에 일어날 때

A: Jane, ______________?

B: Yes, I did.

제인, 일어났니?
네, 일어났어요.

02 아침식사

A: ______________, Jane.

B: I'm coming, Mom.

제인, 와서 밥 먹어.
가요, 엄마.

03 집을 나설 때

A: ______________. Bye mom!

B: What time will you come home?

다녀올게요, 엄마.
몇 시에 돌아오니?

04 집안일

A: ______________ tonight.

B: That sounds good!

오늘 저녁 설거지는 제가 할게요.
그거 좋은데!

05 세탁

A: There's a pile of laundry.

B: ______________.

빨래가 쌓여 있어요.
내가 세탁기 돌릴게요.

06 귀가

A: ____________________.

B: Come on, dinner's almost ready.

다녀왔어요.
어서 오세요, 저녁 준비 거의 다 됐어요.

07 요리

A: Can I help you cooking?

B: ____________________.

요리하는 걸 좀 도와드릴까요?
식탁을 차려라.

08 저녁식사

A: ______________________________?

B: I had a ham sandwich.

저녁에 뭐 먹었어요?
햄샌드위치요.

09 잠자기 전에

A: What are you doing?

B: ____________________.

뭐하니?
그냥 TV 보고 있어요.

10 휴일

A: Get up! Let's go grocery shopping.

B: No, ____________________.

일어나요! 장보러 갑시다.
싫어요. 일요일엔 늦잠자고 싶어요.

EVERYDAY

Part 03

학교

퐁 퐁 퐁
영어

학습일 / ☐

Unit

01 입학

Mini Talk

A: **Where is the admission office?**

웨어리즈 디 애드미션 오피스

입학사무실은 어디 있어요?

B: **Go straight.**

고우 스트레잇

곧장 가세요.

Check Point!

3월이 되면 초등학교부터 대학교까지 입학식을 합니다. 새봄, 새학기는 새내기들에게 하고 싶은 것도, 해야 할 일도 정말 많은 시절이죠. 입학식은 entrance ceremony예요. enroll, enter, sign up과 같은 다양한 단어가 '입학하다'라는 의미로 쓰여요. I entered A University.(나는 A대학에 들어갔어) / He signed up for the tennis team.(그는 테니스 팀에 들어갔어)

입학사무실은 어디 있어요?

Where is the admission office?

웨어리즈 디 애드미션 오피스

성적증명서는 어디서 신청해요?

Where do I request my transcript?

웨어 두 아이 리퀘스트 마이 트랜스크립트

수강과목을 어떻게 추가하거나 취소할 수 있어요?

How do I add or drop classes?

하우 두 아이 애드 오어 드랍 클래씨즈

이 수업을 선택과목으로 들을 수 있을까요?

Can I take this class as an elective?

캔 아이 테익 디스 클래스 애즈 언 일렉티브

나는 남녀공용 층에 살아요.

I live on a co-ed floor.

아이 리브 온 어 코 에드 플로어

안내책자를 받지 못했어요.

I haven't received the brochure.

아이 해븐ㅌ 리시브드 더 브로슈어

01 대화 다시듣기

☐ ☐ ☐

A: 입학사무실은 어디 있어요?

B: 곧장 가세요.

학습일 / □

Unit

02 전공

Mini Talk

A: **What are you studying?**

웟 아 유 스터딩

무슨 공부하세요?

B: **Elementary education.**

엘러멘트리 에듀케이션

초등교육이요.

Check Point!

'~을 전공하다'라고 표현하려면 전공과목 앞에 major in을 붙이면 돼요. 전공이 뭐냐고 물을 때는 대개 What are you studying?(무엇을 공부하세요?) 또는 What's your major?(전공이 뭐예요?)라고 물어요. I'm studying history.(역사를 공부해요) / I majored in education.(교육을 전공했어요) / I'm studying biology.(생물학을 공부하고 있어요)

Basic Expression

무슨 공부하세요?

What are you studying?

왓 아 유 스터딩

역사를 공부하고 있어요.

I'm studying history.

아임 스터딩 히스토리

생물학을 공부하고 있어요.

I'm studying biology.

아임 스터딩 바이얼러지

전공이 뭐예요?

What's your major?

왓츠 유어 메이저

경제학을 전공하고 있어요.

I'm majoring in economics.

아임 메이저링 인 에커나믹스

영문학을 전공했어요.

I majored in English literature.

아이 메이저드 인 잉글리쉬 리터러처

02 대화 다시 듣기

☐ ☐ ☐

A: 무슨 공부하세요?

B: 초등교육이요.

학습일 / □

Unit

03 수업

Mini Talk

A: **May I ask you a question?**

메이 아이 애스크 유 어 퀘스천

질문 하나 해도 될까요?

B: **Sure.**

슈어

물론이죠.

Check Point!

우리는 보통 수업을 듣는다고 말하죠? 그래서 한국말을 영어로 옮길 때 헷갈리는 표현 중의 하나예요. 우리말 그대로 옮겨서 listen a class라고 하면 절대로 안 되고 take a class라고 해야 하거든요. I take the writing class.(나 작문 수업 들어) / I have to go to take a class.(나 수업 들으러 가야돼) 잘 봐두고 헷갈리지 않게 조심하세요.

Basic Expression

질문 있어요.

I have a question.

아이 해버 퀘스천

좀 더 크게 말씀해 주시겠어요?

Could you speak up a little?

쿠쥬 스픽 업 어 리틀

더 쉬운 영어로 말씀해 주세요.

Speak in easier English.

스픽 인 이지어 잉글리쉬

그거 어떻게 쓰죠?

How do you spell that?

하우 두 유 스펠 댓

그게 무슨 뜻이에요?

What do you mean by that?

왓 두 유 민 바이 댓

그것을 간단히 설명해 주시겠어요?

Can you explain it briefly?

캔 유 익스플레인 잇 브리플리

03 대화 다시 듣기

□ □ □

A: 질문 하나 해도 될까요?

B: 물론이죠.

학습일 / ☐

Unit

04 시험

Mini Talk

A: I just heard I passed my exam.

아이 저스트 허드 아이 패스트 마이 이그잼

방금 내가 시험에 합격했다는 소식을 들었어요.

B: Oh, that's great! Congratulations!

오, 댓츠 그레잇! 컨그래철레이션즈

아, 정말 잘됐다!

축하해!

Check Point!

시험이라는 의미로 쓸 수 있는 단어는 대표적으로 quiz, test, exam 3가지예요. 섞어 쓰면 절대로 안 되는 건 아니지만 약간 차이가 있어요. quiz는 가장 작은 규모의 시험으로 예고 없이 갑자기 치르는 퀴즈는 특별히 pop quiz라고 해요. test는 중간 규모의 시험이고 exam는 가장 큰 규모의 시험으로 학기말고사 개념이에요.

시험이 언제부터죠?

When does the exam start?

웬 더즈 디 이그잼 스타트

내일 시험이 있어요.

I have an exam tomorrow.

아이 해번 이그잼 터마로우

나 그 시험 완전 잘 봤어요.

I aced the test.

아이 에이스트 더 테스트

나 그 시험 잘 못 봤어요.

I didn't do well on the test.

아이 디든ㅌ 두 웰 온 더 테스트

시험을 망쳤어요.

I messed up on my test.

아이 메스트 업 온 마이 테스트

영어시험을 또 낙제했어요.

I failed the English exam again.

아이 페일드 디 잉글리쉬 이그잼 어겐

04 대화 다시듣기

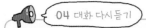

A: 방금 내가 시험에 합격했다는 소식을 들었어요.

B: 아, 정말 잘됐다! 축하해!

□ □ □

Unit 05 성적

Mini Talk

A: **Why do you seem so blue?**

와이 두 유 씸 쏘우 블루

왜 그렇게 우울해 보이니?

B: **My grades went down.**

마이 그레이즈 웬트 다운

성적이 떨어졌어요.

Check Point!

시험을 보는 것도 고역이지만 정작 중요한 건 성적표가 나오는 날이죠. 성적, 점수를 말할 때는 grade라는 단어를 사용해요. 성적이 떨어지고 있다고 말할 때는 My grade is dropping. / My grade is suffering.이라고 해요. cram for the test(벼락치기)를 해서 그나마 점수가 잘 나왔을 땐 I crammed for the test and got a good grade.라고 표현해요.

A 받았어요.

I got an A.

아이 갓 언 에이

영어시험은 100점 맞았어요.

I got 100 points on the English test.

아이 갓 원 헌드레드 포인트스 온 디 잉글리쉬 테스트

성적이 올랐어요.

My grades went up.

마이 그레이즈 웬트 업

성적이 떨어졌어요.

My grades went down.

마이 그레이즈 웬트 다운

수학성적은 어땠어?

What was your score in Math?

왓 워즈 유어 스코어 인 매쓰

그는 자기 반에서 1등이에요.

He is at the top of his class.

히 이즈 앳 더 탑 업 히즈 클래스

05 대화 다시듣기

A: 왜 그렇게 우울해 보이니?

B: 성적이 떨어졌어요.

□ □ □

학습일 /

Unit

06 동아리활동

Mini Talk

A: **How about joining our club?**

하우 어바웃 조이닝 아워 클럽

우리 동아리에 들어오는 게 어때요?

B: **I'm in band club.**

아임 인 밴드 클럽

저는 밴드 동아리를 하고 있어요.

Check Point!

동아리 활동이 가장 왕성한 것은 아무래도 대학교예요. 어학학습 동아리를 비롯해서, 봉사, 사진, 영화, 역사, 무술, 무선통신, 연극, 음악, 발명, 스포츠, 댄스, 힙합, B-boy, 게임, 로봇, 창업, 용돈관리, 증권, 부동산 동아리 등 종류도 정말 많고요. (social) club은 book club(독서클럽) 같은 서클이고, society는 Humane Society(동물애호협회) 같은 모임이나 단체예요.

Basic Expression

저는 밴드 동아리를 하고 있어요.

I'm in band club.

아임 인 밴드 클럽

어느 동아리에 들고 싶어요?

Which club do you want to join?

위치 클럽 두 유 원 투 조인

우리 동아리에 들어오는 게 어때요?

How about joining our club?

하우 어바웃 조이닝 아워 클럽

지난달에 이 동아리에 가입했어요.

I joined this club last month.

아이 조인드 디스 클럽 래스트 먼쓰

이 동아리 회원이세요?

Are you a member of this club?

아 유 어 멤버 업 디스 클럽

가입 신청서를 써주세요.

Please fill out this membership form.

플리즈 필 아웃 디스 멤버쉽 폼

---

06 대화 다시듣기

□ □ □

A: 우리 동아리에 들어오는 게 어때요?

B: 저는 밴드 동아리를 하고 있어요.

학습일 / ☐

Unit
07 학교행사

Mini Talk

A: **Jane, it's time to get up!**
제인, 잇츠 타임 투 겟 업
제인, 일어날 시간이야!

B: **It is a school anniversary, Mom.**
잇 이즈 어 스쿨 애너버써리, 맘
오늘은 개교기념일이에요, 엄마.

Check Point!

학교행사는 school events라고 해요. 입학식(entrance ceremony), 졸업식(graduation ceremony), 시업식(the opening ceremony), 종업식(the closing ceremony), 학예회(school festival), 현장체험/현장학습(field trip), 수학여행(school trip 또는 school excursion), 소풍(school trip), 운동회(field day) 등 여러 가지 크고 작은 행사가 있어요.

Basic Expression

오늘은 개교기념일이에요.

It is a school anniversary.

잇 이즈 어 스쿨 애너버써리

겨울방학이 다가와요.

The winter vacation is coming.

더 윈터 베이케이션 이즈 커밍

난 새학기를 기다려요.

I look forward to the beginning of school.

아이 룩 포워드 투 더 비기닝 업 스쿨

오늘은 우리 학교 축제의 전야제가 있었어요.

We celebrated the eve of my school festival.

위 샐러브레이티드 디 이브 업 마이 스쿨 페스티벌

우리는 일본으로 수학여행을 갔어요.

We went on a school trip to Japan.

위 웬트 온 어 스쿨 트립 투 재팬

딸아이가 오늘 소풍을 가요.

Our daughter is going on a picnic today.

아워 도터 이즈 고우잉 온 어 피크닉 투데이

07 대화 다시듣기

□ □ □

A: 제인, 일어날 시간이야!

B: 오늘은 개교기념일이에요, 엄마.

학습일 / □

Unit 08

아르바이트

Mini Talk

A: **What kind of part-time job shall we get?**

왓 카인드 업 파트 타임 잡 쉘 위 겟

우리 어떤 아르바이트 할까?

B: **Umm, I got a part-time job yesterday.**

음, 아이 갓 어 파트 타임 잡 예스터데이

음, 난 어제
아르바이트를 구했어.

Check Point!

우리는 흔히 알바, 아르바이트라고 말하지만 정확한 표현은 part time job 이에요. 요즘에는 우리나라에서도 파트타이머라는 말을 쓰기도 하죠. '아르바이트하다'라고 표현할 때는 do a part time job 또는 work part time을 써요. 현지에서는 moonlight이라는 표현도 많이 쓰는데 모두 퇴근하고 집에 있을 달밤에 일을 한다고 해서 붙여진 표현이래요.

Basic Expression

시간제 아르바이트 자리 있나요?

Are there any offers of part-time work?

아 데어 애니 오퍼즈 업 파트 타임 웍

아르바이트를 찾고 있어요.

I'm looking for a part-time job.

아임 루킹 포 어 파트 타임 잡

나는 과외 아르바이트를 해요.

I tutor as a part-time job.

아이 튜터 애즈 어 파트 타임 잡

나는 방학 동안 아르바이트를 했어요.

I worked a part-time job during vacation.

아이 웍트 어 파트 타임 잡 듀링 베이케이션

어제 아르바이트를 구했어요.

I got a part-time job yesterday.

아이 갓 어 파트 타임 잡 예스터데이

나는 시간당 6달러 받고 아르바이트해요

I work part-time for 6 dollars an hour.

아이 웍 파트 타임 포 식스 달러즈 언 아워

---

08 대화 다시 듣기

☐ ☐ ☐

A: 우리 어떤 아르바이트 할까?

B: 음, 난 어제 아르바이트를 구했어.

Unit 09 데이트

Mini Talk

A: **What do you think of me?**

왓 두 유 씽크 업 미

날 어떻게 생각해?

B: **Sorry, you're not my type!**

쏘리, 유어 낫 마이 타입

미안하지만, 넌 내 타입 아니야.

Check Point!

무척 끌리는 사람이라도 외국인이라면 아무래도 망설여질 거예요. 감정을 영어로 표현하는 게 쉽지 않게 느껴질 테니까요. 하지만 마음이 있는 곳에 길이 있는 법, 데이트에 필요한 표현들을 하나씩 표현하다 보면 금방 늘어요. Would you like to have dinner with me?(같이 저녁 먹을래요?)로 시작해서 서툰 칭찬이라도 듬뿍해주세요. You look great!(정말 멋져요!)

만나는 사람 있어요?

Are you seeing anyone?

아 유 씨잉 에니원

커피 한 잔 할래요?

Fancy a coffee?

팬시 어 카피

저를 어떻게 생각하세요?

What do you think of me?

왓 두 유 씽크 업 미

집까지 바래다 드려도 될까요?

Can I walk you home?

캔 아이 웍 유 호움

전화번호를 알 수 있을까요?

Could I take your phone number?

쿠드 아이 테익 유어 포운 넘버

그녀는 연하남과 사귀고 있어요.

She is seeing a younger man.

쉬 이즈 씨잉 어 영거 맨

09 대화 다시 듣기

☐ ☐ ☐

A: 날 어떻게 생각해?

B: 미안하지만, 넌 내 타입 아니야.

학습일 /

Unit 10 졸업

Mini Talk

A: Congratulations on your graduation!

컨그래철레이션즈 온 유어 그레주에이션

졸업 축하해요!

B: Thank you for coming.

땡큐 포 커밍

와주셔서 고마워요.

Check Point!

2월은 졸업식 시즌이에요. 졸업식은 graduation ceremony라고 합니다. 졸업 축하 인사인 Congratulations on your graduation!(졸업을 축하해!)에서 Congratulations on은 줄여서 Congrats!라고도 해요. 미국에서는 대학 졸업식을 graduation 대신 commencement(시작, 개시)라고도 해요. 대학교를 마치는 것은 곧 새로운 사회생활을 시작한다는 것을 뜻하는 거죠.

Basic Expression

졸업 축하해요!

Congratulations on your graduation!

컨그래철레이션즈 온 유어 그래주에이션

난 2011년에 졸업했어요.

I graduated in 2011.

아이 그래주에이티드 인 투웬티 일레븐

우리는 그녀의 대학 졸업식에 참석했어요.

We attended her college graduation.

위 어텐더드 허 칼리지 그래주에이션

졸업 선물 고마워요.

Thank you for the graduation gift.

땡큐 포 더 그래주에이션 기프트

언제 졸업을 했죠?

When did you graduate?

웬 디쥬 그래주에잇

너 대학 졸업 언제하는 거야?

When do you graduate from college?

웬 두 유 그래주에잇 프럼 칼리지

---

10 대화 다시듣기

☐ ☐ ☐

A: 졸업 축하해요!

B: 와주셔서 고마워요.

앞에서 배운 대화 내용입니다. 빈 칸을 채워보세요. 기억이 잘 안 난다고요?
녹음이 있잖아요. 녹음을 듣고 써보세요 . 정답은 각 유닛에서 확인하세요.

01 입학

A: Where is ______________________?

B: Go straight.

입학사무실은 어디 있어요?
곧장 가세요.

02 전공

A: ______________________?

B: Elementary education.

무슨 공부하세요?
초등교육이요.

03 수업

A: ______________________?

B: Sure.

질문 하나 해도 될까요?
물론이죠.

04 시험

A: I just heard ______________________.

B: Oh, that's great! Congratulations!

방금 내가 시험에 합격했다는 소식을 들었어요.
아, 정말 잘됐다! 축하해!

05 성적

A: Why do you seem so blue?

B: ______________________.

왜 그렇게 우울해 보이니?
성적이 떨어졌어요.

06 동아리활동

A: How about joining our club?

B: ______________________________.

우리 동아리에 들어오는 게 어때요?
저는 밴드 동아리를 하고 있어요.

07 학교행사

A: Jane, it's time to get up!

B: __________________________________, Mom.

제인, 일어날 시간이야!
오늘은 개교기념일이에요, 엄마.

08 아르바이트

A: What kind of part-time job shall we get?

B: Umm, ____________________________________.

우리 어떤 아르바이트 할까?
음, 난 어제 아르바이트를 구했어.

09 데이트

A: What do you think of me?

B: Sorry, _________________________!

날 어떻게 생각해?
미안하지만, 넌 내 타입 아니야.

10 졸업

A: ____!

B: Thank you for coming.

졸업 축하해요!
와주셔서 고마워요.

EVERYDAY

Part 04

직장

영어
퐁퐁퐁

학습일 /

Unit

01 출퇴근

Mini Talk

A: **How do you go to work?**

하우 두 유 고우 투 웍

뭐 타고 출근하세요?

B: **I go to work by bus.**

아이 고우 투 웍 바이 버스

난 버스로 출근해요.

Check Point!

누구나 회사 생활에서 출퇴근은 아주 중요한 일과예요. '출근하다'는 주로 come[go] to the office, get to work로 표현하는데, 출근하는 방법에 따라 drive to work(차로 출근), walk to work(걸어서 출근) 등으로 다양하게 표현할 수 있어요. 퇴근에 대한 표현은 주로 after work, leave the office를 써요. 조퇴할 때는 leave early, go home early, 하루 휴가는 day off예요.

뭐 타고 출근하세요?

How do you go to work?

하우 두 유 고우 투 웍

난 자동차로 출근해요.

I go to work by car.

아이 고우 투 웍 바이 카

한 시간 정도 걸려요.

It takes about an hour.

잇 테익스 어바웃 언 아워

사무실이 집에서 가까워요.

The office is near to my house.

디 오피스 이즈 니어 투 마이 하우스

몇 시에 퇴근하세요?

When do you get off?

웬 두 유 겟 오프

오늘 일은 몇 시에 끝나요?

What time do you get off work today?

왓 타임 두 유 겟 오프 웍 투데이

01 대화 다시 듣기

☐ ☐ ☐

A: 뭐 타고 출근하세요?

B: 난 버스로 출근해요.

학습일 /

Unit

02 회사생활

Mini Talk

A: **I asked my boss for a raise.**

아이 애스크트 마이 보스 포 어 레이즈

사장님에게 월급 인상을 요구했어요.

B: **What? What did he say?**

왓? 왓 디드 히 쎄이

뭐라고요? 그가 뭐래요?

Check Point!

회사생활의 기본 표현을 I'm the new recruit.(신입사원이에요) / I am an office worker.(사무직이에요) / Now I work for a computer company.(지금 컴퓨터 회사에서 일해요) / I work five days a week.(1주에 5일 근무해요) 등 다양하게 익혀두세요. '취업되어 일하고 있다'는 I am at work.이고 '실직했다'는 I lost my job. / I am out of work.예요.

Basic Expression

언제 입사하셨어요?

When did you join the company?

웬 디쥬 조인 더 컴퍼니

직책이 뭐예요?

What's your job title?

왓츠 유어 잡 타이를

근무시간이 어떻게 되나요?

What are your office hours?

웟 아 유어 오피스 아워즈

일에 점점 익숙해지고 있어요.

I'm getting used to the work.

아임 게팅 유즈드 투 더 웍

월급이 인상되어 기뻐요.

I'm happy to get a raise.

아임 해피 투 겟 어 레이즈

일주일에 이틀 쉬어요.

I have two days off each week.

아이 햅 투 데이즈 오프 이치 윅

02 대화 다시듣기

☐ ☐ ☐

A: 사장님에게 월급 인상을 요구했어요.

B: 뭐라고요? 그가 뭐래요?

학습일 ／ □

Unit

03 컴퓨터와 인터넷

Mini Talk

A: **Do you offer any wireless access?**

두 유 오퍼 에니 와이어리스 엑세스

무선 인터넷 되나요?

B: **Yes, we do.**

예스, 위 두

네, 됩니다.

Check Point!

인터넷과 관련된 기본적인 용어들을 몇 가지만 알고 있어도 유용하게 쓸 수 있어요. 핫스팟(Hotspot)은 인터넷이 가능한 지역을 말해요. 요즘은 와이파이지역이라고도 하죠. 쿠키(Cookie)는 웹사이트의 방문기록을 모아두었다가 다시 방문할 때 도와주는 파일이고, 도메인 네임(Domain name)은 인터넷 주소, Internet shopping mall은 online shopping mall이 맞아요.

Basic Expression

컴퓨터를 켜주세요.

Turn the computer on.

턴 더 컴퓨터 온

인터넷에 들어갔어요?

Did you go onto the internet?

디쥬 고우 온투 디 인터넷

난 인터넷 서핑하는 거 좋아해요.

I like surfing the internet.

아이 라익 써핑 디 인터넷

난 지금 인터넷 게임을 하고 있어요.

I'm playing an internet game.

아임 플레잉 언 인터넷 게임

내 컴퓨터 바이러스 걸린 것 같아요.

I think my computer has a virus.

아이 씽크 마이 컴퓨터 해즈 어 바이러스

무선 인터넷 되나요?

Do you offer any wireless access?

두 유 오퍼 에니 와이어리스 액세스

---

03 대화 다시듣기

A: 무선 인터넷 되나요?

B: 네, 됩니다.

☐ ☐ ☐

학습일 / □

Unit

04 이메일과 팩스

Mini Talk

A: **I sent you an e-mail but it got returned.**

아이 센트 유 언 이메일 벗 잇 갓 리턴드

이메일 보냈는데 되돌아왔던데요.

B: **What? When?**

왓? 웬

뭐라고요? 언제요?

Check Point!

현대는 편지가 사라진 시대라고들 말해요. 문자, SNS, 이메일, 팩스 등으로 바로바로 의사소통이 되는 시대니까요. 영어로, 특히 비즈니스 이메일을 작성할 때 갖춰야 할 형식과 주의할 점을 알아둬야 실수를 피할 수 있어요. 많이 쓰는 약어로는 ATTN(attention, 이메일 수신인), CC(carbon copy, 이메일 참조), RSVP(please reply, 회신 바람) 등이 있어요.

Basic Expression

이메일 잘 받았습니다.

Thank you for your e-mail.

땡큐 포 유어 이메일

답장이 늦어서 죄송해요.

I'm sorry I'm replying so late.

아임 쏘리 아임 리플라잉 쏘우 레잇

그 목록을 저한테 이메일로 보내주시겠어요?

Would you send me the list by e-mail?

우쥬 쎈드 미 더 리스트 바이 이메일

첨부 파일을 봐주세요.

Please see the attached file.

플리즈 씨 디 어태치트 파일

팩스 번호가 어떻게 됩니까?

What's your fax number?

왓츠 유어 팩스 넘버

그 서류를 팩스로 보내 주세요.

Please send the documents by fax.

플리즈 쎈드 더 다커먼트스 바이 팩스

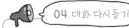

04 대화 다시듣기

□ □ □

A: 이메일 보냈는데 되돌아왔던데요.

B: 뭐라고요? 언제요?

학습일 / ☐

Unit 05 회의

Mini Talk

A: Let's postpone the meeting.

렛츠 포스트포운 더 미팅

회의를 미룹시다.

B: Until when?

언틸 웬

언제까지요?

Check Point!

영어로 진행하는 회의에 참석하는 경우에 흐름을 깨지 않도록 제대로 알아듣고 정확하게 의사표시를 할 수 있도록 준비해야 해요. 회의 시작 전에 회의에 대해 알고 싶을 때 필요한 표현은 Where is the meeting?(회의 어디서 해요?) / What kind of meeting is this?(이거 무슨 회의예요?) / Who is attending?(누가 참석해요?) 등이 있어요.

회의 중입니다.

I'm in a meeting.

아임 인 어 미팅

10분 후에 회의가 있어요.

I have a meeting in 10 minutes.

아이 해버 미팅 인 텐 미닛스

회의를 미룹시다.

Let's postpone the meeting.

렛츠 포스트포운 더 미팅

회의를 시작합시다.

Let's get down to business.

렛츠 겟 다운 투 비즈니스

다른 의견 없나요?

Any other suggestions?

애니 아더 써제스천스

여기서 마치겠습니다.

Let's wrap things up.

렛츠 랩 씽즈 업

05 대화 다시 듣기

☐ ☐ ☐

A: 회의를 미룹시다.

B: 언제까지요?

학습일 / □

Unit 06

상담과 교섭

Mini Talk

A: **What is the minimum amount I can order?**

왓 이즈 더 미니멈 어마운트 아이 캔 오더

주문 가능한 최소 수량은 얼마입니까?

B: **It's 10 cartons.**

잇츠 텐 카턴즈

10상자입니다.

Check Point!

상담과 교섭을 위해서는 용어를 잘 알아야 해요. do a market survey(시장 조사를 하다), analyze the market(시장을 분석하다), plan products(상품을 기획하다), profit and loss(손익), make sales(영업을 하다), order goods(물건을 주문하다), receive orders(주문을 받다), develop a new market(시장을 개척하다), look for clients(거래처를 물색하다)

Basic Expression

그것들은 2개 1벌로 판매합니다.

We sell them in pairs.

위 쎌 뎀 인 페어즈

가격은 개당 20달러입니다.

The unit price is twenty dollars.

더 유닛 프라이스 이즈 투웬티 달러즈

상자 무게는 30킬로그램입니다.

The box weighs thirty kilograms.

더 박스 웨이즈 써티 킬러그램즈

그 안을 채택하겠습니다.

We will adopt the plan.

위 윌 어답트 더 플랜

계약에 동의하십니까?

Do you agree with the contract?

두 유 어그리 윗 더 칸트랙트

이것은 계약위반입니다.

This is a breach of contract.

디스 이즈 어 브리치 업 칸트랙트

06 대화 다시듣기

☐ ☐ ☐

A: 주문 가능한 최소 수량은 얼마입니까?

B: 10상자입니다.

학습일 / ☐

Unit 07

승진과 이동

Mini Talk

A: **I got promoted!**

아이 갓 프러모티드

나 승진했어요!

B: **Wow, congratulations!**

와우, 컨그래철레이션즈

와우, 축하해요!

Check Point!

직장인들이 가장 바라는 것은 바로 승진이겠죠. 승진하면 연봉도 오르고 직장 내 위상도 높아지죠. '승진하다'를 표현할 때는 get one's step 또는 be promoted를 사용해요. I was promoted to a manager.(저 부장으로 승진했어요) 같은 회사나 조직 내의 다른 곳으로 옮길 때는 transfer (from A) to B(A에서 B로 옮기다, A에서 B로 전근 가다)로 표현해요.

Basic Expression

나 승진했어요!

I got promoted!

아이 갓 프러모티드

그는 어제 좌천당했어요.

He was demoted yesterday.

히 워즈 디모티드 예스터데이

그녀는 몇 달 전에 해고됐어요.

She was fired a few months ago.

쉬 워즈 파이어드 어 퓨 먼쓰스 어고우

그녀는 이곳에서 정규직으로 일하나요?

Is she working full-time here?

이즈 쉬 워킹 풀타임 히어

그는 임시직이에요.

He is a temp.

히 이즈 어 템프

전근 신청을 했어요.

I put in for a transfer.

아이 풋 인 포 어 트랜스퍼

---

07 대화 다시 듣기

A: 나 승진했어요!

B: 와우, 축하해요!

☐ ☐ ☐

학습일 /

Unit

08 급여

Mini Talk

A: **I got a raise.**

아이 갓 어 레이즈

나 월급이 올랐어.

B: **Great! That's certainly good news.**

그레잇! 댓츠 서튼리 굿 뉴스

대단해! 듣던 중 반가운 소리네.

Check Point!

'급여' 하면 딱 떠오르는 말이 salary, pay, wage죠? 보수라는 의미로 가장 많이 쓰이는 것은 pay예요. salary는 주로 직장인들이 받는 정기적인 급여, 즉 월급이나 연봉이고, wage는 아르바이트나 일용직의 단기적인 급여, 즉 시급, 주급이에요. I get my salary every month.(나는 매달 월급을 받아요) / I get my wage every week.(나는 매주 주급을 받아요)

나 월급이 올랐어요.

I got a raise.

아이 갓 어 레이즈

나 월급이 깎였어요.

I got a pay cut.

아이 갓 어 페이 컷

초봉이 얼마나 되나요?

What's the starting salary?

왓츠 더 스타팅 쌜러리

월급날이 언제죠?

When's your payday?

웬즈 유어 페이데이

보수는 괜찮아요.

The pay is decent.

더 페이 이즈 디센트

급여 인상을 요구하는 게 어때요?

Why don't you ask for a raise?

와이 돈츄 애스크 포 어 레이즈

08 대화 다시 듣기

☐ ☐ ☐

A: 나 월급이 올랐어.

B: 대단해! 들던 중 반가운 소리네.

Unit

09 휴가

Mini Talk

A: I'm taking vacation for a week.

아임 테이킹 베이케이션 포 어 윅

저는 1주일 동안 휴가예요.

B: What are you doing during that time?

웟 아 유 두잉 듀링 댓 타임

그동안 뭐 하실 거예요?

Check Point!

직장인이 쓸 수 있는 휴가는 아주 다양합니다. 유급휴가(Paid leave), 월차(Monthly leave), 연차(Annual leave), 출산휴가(Maternity leave), 병가(Sick leave), 사적인 휴가(Personal leave), 반차(half day leave), 경조휴가(congratulation and condolence leave), 대체휴무(floating holiday), 이월휴가(carried over leave), 육아휴직(childcare leave)

Basic Expression

오늘 하루 월차예요.

I'll take today off.

아일 테익 투데이 오프

오늘 오후 반차예요.

I'm off this afternoon.

아임 오프 디스 애프터눈

저는 내일부터 휴가예요.

My vacation begins tomorrow.

마이 베이케이션 비긴즈 터마로우

휴가 기간은 얼마나 되세요?

How long is your vacation?

하우 롱 이즈 유어 베이케이션

그는 병가를 냈어요.

He called in sick.

히 콜드 인 씩

어디로 휴가 가세요?

Where are you going on vacation?

웨어 아 유 고우잉 온 베이케이션

09 대화 다시듣기

☐ ☐ ☐

A: 저는 1주일 동안 휴가예요.

B: 그동안 뭐 하실 거예요?

학습일 /

Unit

10 접대

Mini Talk

A: **Let me treat you to dinner.**

렛 미 트릿 유 투 디너

저녁을 대접할게요.

B: **Thanks, but I have a previous engagement this evening.**

땡스, 벗 아이 해버 프리비어스

인게이지먼트 디스 이브닝

고맙지만, 오늘 저녁엔

선약이 있어서요.

Tip

Check Point!

개인적으로든 공적인 업무 성격으로든 누군가를 대접할 때는 상대방의 음식 취향과 문화적인 태도 등에 대해서 잘 알아보고 준비해야 하죠. 채식주의자를 고깃집에 데려가거나 생선을 싫어하는 사람을 횟집으로 모시면 안 되니까요. 마음만 있으면 통하기 마련이라고 쉽게 말들 하지만 사실 형식과 절차, 태도, 표현이 어쩌면 마음보다 더 중요하게 작용한답니다.

Basic Expression

저녁을 대접할게요.

Let me treat you to dinner.

렛 미 트릿 유 투 디너

제가 점심 살게요.

I'll buy you lunch.

아일 바이 유 런치

제가 한 잔 사겠습니다.

I'll treat you a drink.

아일 트릿 유 어 드링크

언제가 좋으실까요?

When is it convenient for you?

웬 이즈 잇 컨비니언트 포 유

오늘 저녁에 할 일 있으세요?

Are you doing anything this evening?

아 유 두잉 애니씽 디스 이브닝

한 잔 더 하러 갑시다.

Let's go have another round.

렛츠 고우 햅 어나더 라운드

10 대화 다시 듣기

□ □ □

A: 저녁을 대접할게요.

B: 고맙지만, 오늘 저녁엔 선약이 있어서요.

앞에서 배운 대화 내용입니다. 빈 칸을 채워보세요. 기억이 잘 안 난다고요?
녹음이 있잖아요. 녹음을 듣고 써보세요 . 정답은 각 유닛에서 확인하세요.

01 출퇴근

A: How do you go to work?

B: ______________________.

뭐 타고 출근하세요?
난 버스로 출근해요.

02 회사생활

A: I asked my boss for a raise.

B: What? ______________________?

사장님에게 월급 인상을 요구했어요.
뭐라구요? 그가 뭐래요?

03 컴퓨터와 인터넷

A: ______________________?

B: Yes, we do.

무선 인터넷 되나요?
네, 됩니다

04 이메일과 팩스

A: ______________________.

B: What? When?

이메일 보냈는데 되돌아왔던데요.
뭐라고요? 언제요?

05 회의

A: ______________________.

B: Until when?

회의를 미룹시다.
언제까지요?

06 상담과 교섭

A: ______________________________?

B: It's 10 cartons.

주문 가능한 최소 수량은 얼마입니까?
10상자입니다.

07 승진과 이동

A: ______________________________!

B: Wow, congratulations!

나 승진했어요!
와우, 축하해요!

08 급여

A: ______________________________.

B: Great! That's certainly good news.

나 월급이 올랐어.
대단해! 듣던 중 반가운 소리네.

09 휴가

A: ______________________________.

B: What are you doing during that time?

저는 1주일 동안 휴가예요.
그동안 뭐 하실 거예요?

10 접대

A: ______________________________.

B: Thanks, but I have a previous engagement this evening.

저녁을 대접할게요.
고맙지만, 오늘 저녁엔 선약이 있어서요.

EVERYDAY

Part 05

외출

퐁퐁퐁
영어

학습일 / ☐

Unit

01 길을 묻거나 알려줄 때

Mini Talk

A: **Could you tell me the way to the subway station?**

쿠쥬 텔 미 더 웨이 투 더 썹웨이 스테이션

지하철역으로 가는 길을 가르쳐 주시겠어요?

B: **Go along this street.**

고우 얼롱 디스 스트릿

이 길을 따라 가세요.

Check Point!

외국에서 길을 물을 때는 가능하면 경찰이나 관광안내소에 가서 물어보는 게 좋아요. 세상 모든 나라가 우리나라처럼 치안상태가 좋은 건 아니니까요. 급하게 걸어가는 사람보다는 천천히 걷는 사람에게 묻는 것이 좋지만, 지나치게 친절한 사람은 좀 경계해야 해요. 말을 걸 때는 Excuse me.(실례합니다)로 시작하고 Thank you.(감사합니다)라고 인사하는 거 잊지 마세요.

Basic Expression

실례합니다.

Excuse me.

익스큐즈 미

여기가 어디예요?

Where am I?

웨어 앰 아이

가장 가까운 지하철역이 어디 있어요?

Where is the nearest subway station?

웨어리즈 더 니어리스트 썹웨이 스테이션

약도를 좀 그려주시겠어요?

Could you draw me a map?

쿠쥬 드로우 미 어 맵

저도 여기는 처음이에요

I'm a stranger here myself.

아임 어 스트레인저 히어 마이쎌프

버스를 타세요.

Take the bus.

테익 더 버스

---

01 대화 다시 듣기

☐ ☐ ☐

A: 지하철역으로 가는 길을 가르쳐 주시겠어요?

B: 이 길을 따라 가세요.

학습일 / ☐

Unit

02 택시를 탈 때

Mini Talk

A: **Where to, sir?**

웨어 투, 써ㄹ

어디로 모실까요?

B: **To Seoul station, please.**

투 서울 스테이션, 플리즈

서울역으로 가주세요.

Check Point!

시간에 맞춰가야 하는데 늦었거나 길을 영 모르겠을 때는 택시를 이용하는 게 여러 모로 편리해요. 영어가 서툴러도 목적지의 주소나 이름(무슨 백화점 등으로)을 적어서 택시기사에게 주면 됩니다. 사람이 많을 때나 큰 짐이 있을 때는 추가요금을 받는 경우도 있으니 미리 요금 협상을 해두는 게 좋아요. 내릴 때는 요금의 15% 정도를 팁으로 더 줘야 해요.

Basic Expression

택시를 불러 주시겠어요?

Could you call me a taxi?

쿠쥬 콜 미 어 택시

공항으로 가주세요.

Please take me to the airport.

플리즈 테익 미 투 디 에어포트

얼마나 걸리죠?

How long does it take?

하우 롱 더즈 잇 테익

다음 모퉁이에서 왼쪽으로 도세요.

Turn left at the next corner.

턴 레프트 앳 더 넥스트 코너

여기서 세워주세요.

Stop here, please.

스탑 히어, 플리즈

요금이 얼마죠?

What's the fare?

왓츠 더 페어

02 대화 다시 듣기

A: 어디로 모실까요?

B: 서울역으로 가주세요.

학습일 /

Unit

03 버스를 탈 때

Mini Talk

A: **Where's the bus stop?**

웨어즈 더 버스 스탑

버스 정류장이 어디죠?

B: **It's just across the street.**

잇츠 저스트 어크로스 더 스트릿

바로 길 건너편이에요.

Tip

Check Point!

시내를 관광할 때는 시내버스를 이용하는 것이 값도 싸고 편리해요. 특별히 시내투어를 하는 버스도 있고요. 관광안내소 등에서 노선도를 받아두면 이동할 때마다 유용하게 쓸 수 있어요. 미국에서는 요금을 직접 요금함에 넣는 경우가 대부분이고, 거스름돈을 받을 수 없으니까 동전을 미리 준비해야 해요. 런던의 유명한 2층버스는 뒷문으로 타고 차장에게 요금을 냅니다.

이 버스 공항에 갑니까?

Does this bus go to the airport?

더즈 디스 버스 고우 투 디 에어포트

다음 정거장은 어디예요?

What's the next stop?

왓츠 더 넥스트 스탑

버스를 잘못 탔어요.

I took the wrong bus.

아이 툭 더 롱 버스

내릴 곳을 놓쳤어요.

I missed my stop.

아이 미스트 마이 스탑

뉴욕행 버스는 얼마나 자주 운행되나요?

How often do the buses run to New York?

하우 오픈 두 더 버시즈 런 투 뉴욕

이 버스는 타임스퀘어에서 섭니까?

Does this bus stop at Time Square?

더즈 디스 버스 스탑 앳 타임 스퀘어

03 대화 다시 듣기

☐ ☐ ☐

A: 버스 정류장이 어디죠?

B: 바로 길 건너편이에요.

학습일 / ☐

Unit

04 지하철을 탈 때

Mini Talk

A: **Can I have a subway map?**

캔 아이 해버 썹웨이 맵

지하철 노선도를 얻을 수 있을까요?

B: **Yes, it's over there.**

예스, 잇츠 오버 데어

네, 저기 있습니다.

Check Point!

지하철은 미국에서는 subway, 런던에서는 underground 또는 tube라고 불러요. 요즘은 웬만한 나라에는 다 지하철이 발달해 있어서 버스보다 훨씬 수월하게 이용할 수 있죠. 교통체증도 없고 값도 싸고 노선도만 갖고 있으면 원하는 곳 어디로든 큰 불편 없이 찾아갈 수 있어요. 관광안내소 등에서 노선도를 꼭 받아서 탈 때마다 노선, 환승역, 하차역을 미리 확인해요.

지하철 노선도를 얻을 수 있을까요?

Can I have a subway map?

캔 아이 해버 썹웨이 맵

이 근처에 지하철역이 있습니까?

Is the subway station near here?

이즈 더 썹웨이 스테이션 니어 히어

표는 어디서 살 수 있습니까?

Where can I buy a ticket?

웨어 캔 아이 바이 어 티킷

어느 선이 센트럴 파크로 갑니까?

Which line goes to Central Park?

위치 라인 고우즈 투 센트럴 파크

맨하탄에 가려면 어디서 갈아탑니까?

Where do I have to change for Manhattan?

웨어 두 아이 햅 투 체인지 포 맨해튼

공항까지 정거장이 몇 개 있어요?

How many stops is it to the Airport?

하우 매니 스탑스 이즈 잇 투 디 에어포트

---

04 대화 다시듣기

□ □ □

A: 지하철 노선도를 얻을 수 있을까요?

B: 네, 저기 있습니다.

학습일 / ☐

Unit

05 열차를 탈 때

Mini Talk

A: **Which platform is for Busan?**

위치 플랫폼 이즈 포 부산

부산으로 가려면 어느 플랫폼으로 가야 해요?

B: **Platform 2.**

플랫폼 투

2번 플랫폼요.

Check Point!

미국, 캐나다, 호주, 특히 유럽 등지에서는 열차여행이 아주 유명해요. 아름다운 관광지를 따라 며칠씩 열차를 타고 가는 여행상품으로 특화되어 있는 경우도 많고요. 장거리 여행을 할 때는 버스를 이용하는 것이 불편하기도 하고 요금도 무척 비싸기 때문에 열차를 이용하는 게 여러 모로 좋아요. 편안하게 경치를 즐기면서 여행하기에는 정말 딱이죠.

Basic Expression

매표소가 어디 있어요?

Where is the ticket office?

웨어리즈 더 티킷 오피스

이 열차가 시카고 행 열차예요?

Is this going to Chicago?

이즈 디스 고우잉 투 시카고

열차가 얼마나 자주 옵니까?

How often does the train come?

하우 오픈 더즈 더 트레인 컴

이 열차 그 역에서 정차합니까?

Does this train stop at the station?

더즈 디스 트레인 스탑 앳 더 스테이션

별도의 요금을 내야 합니까?

Do I have to pay an extra charge?

두 아이 햅 투 페이 언 엑스트라 차지

식당칸은 있습니까?

Does the train have a dining car?

더즈 더 트레인 해버 다이닝 카

05 대화 다시듣기

A: 부산으로 가려면 어느 플랫폼으로 가야 해요?

B: 2번 플랫폼요.

□ □ □

학습일 /

Unit

06 비행기를 탈 때

Mini Talk

A: **Can I see your ticket, please?**

캔 아이 씨 유어 티킷, 플리즈

탑승권을 보여 주시겠어요?

B: **Yes, here it is.**

예스, 히어 잇 이즈

네, 여기 있습니다.

Check Point!

비행기 예약은 적어도 출발하기 72시간 전에는 반드시 재확인해야 해요. 누구라도 비행기는 당연히 예약을 해두죠. 한 달 전에 했든 일주일 전에 했든 아무튼 비행기 예약은 무조건 출발하기 전에 항공사에 다시 확인해야 해요. 그런 걸 reconfirm이라고 하죠. 왠지는 몰라도 비행기 예약이 자동으로 취소되거나 예약이 제대로 되어 있지 않은 경우가 꽤 있거든요.

Basic Expression

탑승 수속은 언제 하죠?

When should I check in?

웬 슈드 아이 체킨

창문 옆 좌석을 주세요.

Please give me a window seat.

플리즈 깁 미 어 윈도우 씻

출발 시간이 언제죠?

When does this airplane take off?

웬 더즈 디스 에어플레인 테익 오프

비행기를 타러 어디로 가죠?

Where is the gate for this flight?

웨어리즈 더 게이트 포 디스 플라이트

이건 가지고 들어갈 수 있어요?

Can I carry this with me?

캔 아이 캐리 디스 윗 미

제 자리는 어디죠?

Where's my seat, please?

웨어즈 마이 씻, 플리즈

---

06 대화 다시듣기

☐☐☐

A: 탑승권을 보여 주시겠어요?

B: 네, 여기 있습니다.

학습일 / □

Unit
07 렌터카

Mini Talk

A: **What kind of car do you want?**

왓 카인드 업 카 두 유 원ㅌ

어떤 차를 원하세요?

B: **An automatic sedan, please.**

언 오터매틱 써댄, 플리즈

오토 세단을 주세요.

Check Point!

요즘은 외국에 여행가서 버스 시간, 열차 시간 등에 구애받지 않고 자유롭게 다니려고 렌터카를 빌리는 사람들도 많아요. 외국에서 렌터카를 빌릴 때는 여권과 국제면허증이 필요해요. 당연한 것이지만 보험도 잊지 말고 꼭 들어야 하고요. 관광시즌에는 한국에서 출발하기 전에 미리 현지 렌터카 회사에 예약을 해두는 게 좋아요. 신청할 때는 대개 신용카드가 필요해요.

Basic Expression

어디서 차를 빌리죠?

Where can I rent a car?

웨어 캔 아이 렌트 어 카

렌터카 영업소는 어디에 있죠?

Where's the rent-a-car firm?

웨어즈 더 렌트-어-카 펌

차를 빌리고 싶은데요.

I'd like to rent a car.

아이드 라익 투 렌트 어 카

요금표를 보여 주시겠어요?

May I see the rate list?

메이 아이 씨 더 레잇 리스트

3일간 차를 빌리고 싶은데요.

I want to rent a car for three days.

아 원 투 렌트 어 카 포 쓰리 데이즈

소형차는 있어요?

Do you have economy cars?

두 유 햅 이카너미 카즈

07 대화 다시듣기

□ □ □

A: 어떤 차를 원하세요?

B: 오토 세단을 주세요.

학습일 / ☐

Unit

08 자동차를 운전할 때

Mini Talk

A: **Why did you stop me?**

와이 디쥬 스탑 미

왜 저를 세우셨습니까?

B: **You exceeded the speed limit.**

유 익시디드 더 스피드 리밋

선생님께서는 제한속도를 위반하셨습니다.

Check Point!

차를 빌려서 여행할 생각이라면 미국이나 유럽에서는 운전에 대해 아주 엄격한 기준을 적용한다는 사실을 명심해야 해요. 미국에서는 스쿨버스에서 어린이들이 승하차하는 동안 뒷차는 무조건 기다려야 하고, 중앙분리대가 없는 도로라면 맞은편에서 오는 차들도 모두 서야 하죠. 주차금지 구역에 차를 세우면 바로 끌고 가버리고 바퀴를 잠가버리는 나라도 있거든요.

Basic Expression

주유소를 찾고 있는데요.

I'm looking for a gas station.

아임 루킹 포 어 개스 스테이션

여기에 주차해도 될까요?

Can I park here?

캔 아이 파크 히어

차가 시동이 안 걸려요.

This car doesn't work.

디스 카 더즌ㅌ 웍

가득 넣어주세요.

Fill it up, please.

필 잇 업, 플리즈

타이어가 펑크 났어요.

I had a flat tyre.

아이 햇 어 플랫 타이어

다음 휴게소까지 얼마나 멀어요?

How far is it to the next services?

하우 파 이즈 잇 투 더 넥스트 써비시즈

08 대화 다시듣기

□ □ □

A: 왜 저를 세우셨습니까?

B: 선생님께서는 제한속도를 위반하셨습니다.

학습일 / □

Unit

09 교통사고가 났을 때

Mini Talk

A: **There was a car accident.**

데어 워즈 어 카 액시던트

교통사고가 있었어요.

B: **When did it happen?**

웬 디드 잇 해픈

언제 사고가 일어났습니까?

Tip

Check Point!

교통사고는 traffic accident, car accident, car crash(자동차끼리 충돌한 경우)라고 해요. 사고가 일어나면 먼저 경찰, 보험회사, 렌터카 회사에 연락합니다. I'm sorry.는 그냥 미안하다는 정도가 아니라 자기의 잘못을 인정한다는 의미가 포함되어 있으므로 교통사고가 난 상황에서는 쓰지 않는 게 좋아요. 사고증명서를 반드시 받아두어야 보험 청구를 할 수 있어요.

Basic Expression

오늘 아침에 교통사고를 당했어요.

I had a traffic accident this morning.

아이 햇 어 트래픽 액씨던트 디스 모닝

제 탓이 아니에요.

It wasn't my fault.

잇 워즌ㅌ 마이 폴트

그의 차가 내 차 옆면을 들이받았어요.

His car hit the side of my car.

히즈 카 힛 더 싸이드 업 마이 카

내 차가 조금 찌그러졌어요.

My car has some dents.

마이 카 해즈 썸 덴트스

보험 처리가 될까요?

Will the insurance cover it?

윌 디 인슈런스 커버 잇

구급차를 불러 주세요.

Please call an ambulance!

플리즈 콜 언 앰뷸런스

09 대화 다시 듣기

☐ ☐ ☐

A: 교통사고가 있었어요.

B: 언제 사고가 일어났습니까?

학습일 / ☐

Unit

10 위급한 상황일 때

Mini Talk

A: **911 emergency Services.**

나인 원 원 이머전시 써비시즈

911 긴급구조대입니다.

B: **Help me, I'm in the pit!**

핼프 미, 아임 인 더 핏

도와주세요, 구덩이에 빠졌어요!

Check Point!

외국에서 사고가 나거나 일행 중 누가 심각하게 아프거나 하는 비상사태가 발생하면 훨씬 당황하게 되요. 먼저 전문적인 도움을 줄 수 있는 곳으로 전화를 걸어야 해요. 긴급상황 연락처는 항목별로 미리 알아 두세요. 주위에 사람이 없어도 Help! Ambulance (Police)!라고 큰소리로 외치세요. 여권을 잃어버렸거나 범죄나 재해를 만났을 땐 즉시 대사관에 연락하세요.

Basic Expression

무엇을 원하세요?

What do you want?

왓 두 유 원ㅌ

그만 두세요!

Stop it!

스탑 잇

잠깐! 뭘 하는 겁니까?

Hey! What are you doing?

헤이! 웟 아 유 두잉

가까이 오지 마세요.!

Stay away from me!

스테이 어웨이 프럼 미

도와주세요!

Help me!

핼프 미

경찰 아저씨!

Police!

폴리스

10 대화 다시듣기

A: 911 긴급구조대입니다.

B: 도와주세요, 구덩이에 빠졌어요!

앞에서 배운 대화 내용입니다. 빈 칸을 채워보세요. 기억이 잘 안 난다고요?
녹음이 있잖아요. 녹음을 듣고 써보세요 . 정답은 각 유닛에서 확인하세요.

01 길을 묻거나 알려줄 때

A: Could you tell me ______________________?

B: Go along this street.

지하철역으로 가는 길을 가르쳐 주시겠어요?
이 길을 따라 가세요.

02 택시를 탈 때

A: Where to, sir?

B: ______________, ________.

어디로 모실까요?
서울역으로 가주세요.

03 버스를 탈 때

A: ______________________?

B: It's just across the street.

버스 정류장이 어디죠?
바로 길 건너편이에요.

04 지하철을 탈 때

A: ______________________?

B: Yes, it's over there.

지하철 노선도를 얻을 수 있을까요?
네, 저기 있습니다.

05 열차를 탈 때

A: ______________________?

B: Platform 2.

부산으로 가려면 어느 플랫폼으로 가야 해요?
2번 플랫폼요.

06 비행기를 탈 때

A: ______________________, __________?

B: Yes, here it is.

탑승권을 보여 주시겠어요?
네, 여기 있습니다.

07 렌터카

A: ______________________________?

B: An automatic sedan, please.

어떤 차를 원하세요?
오토 세단을 주세요.

08 자동차를 운전할 때

A: ______________________?

B: You exceeded the speed limit.

왜 저를 세우셨습니까?
선생님께서는 제한속도를 위반하셨습니다.

09 교통사고가 났을 때

A: There was a car accident.

B: ______________________?

교통사고가 있었어요.
언제 사고가 일어났습니까?

10 위급한 상황일 때

A: 911 emergency Services.

B: ______________, I'm in the pit!

911 긴급구조대입니다.
도와주세요, 구덩이에 빠졌어요!

EVERYDAY

Part 06

외식

영어
뿡 뿡 뿡

Unit 01

식당을 찾을 때

Mini Talk

A: **Could you recommend a good restaurant?**

쿠쥬 레커멘드 어 굿 레스터란트

괜찮은 식당 있으면 추천 좀 해주세요.

B: **The one around the corner is excellent.**

더 원 어라운드 더 코너 이즈 엑설런트

모퉁이에 좋은 가게가 하나 있습니다.

Check Point!

여행을 떠나기 전에 맛있는 식당을 미리 검색해두면 뭘 먹을까, 어떤 식당에서 먹을까 고민하는 시간도 줄일 수 있고, 검색해 둔 맛집을 찾아다니는 재미도 누릴 수 있어요. 여행의 또 다른 묘미가 되는 거죠. 그러지 못했을 때는 그곳에 사는 사람들에게 물어보는 게 가장 안전해요. 가이드북에 소개된 식당 중에는 가끔 실망스러운 경우가 있거든요.

Basic Expression

괜찮은 레스토랑 좀 알려 주시겠어요?

Could you tell me a good restaurant?

쿠쥬 텔 미 어 굿 레스터란트

이 근처에 괜찮은 레스토랑이 있어요?

Is there a good restaurant around here?

이즈 데어 어 굿 레스터란트 어라운드 히어

레스토랑이 많은 곳은 어디죠?

Where is the main area for restaurants?

웨어리즈 더 메인 에어리어 포 레스터란트스

한식당은 있나요?

Do you have a Korean restaurant?

두 유 해버 코리언 레스터란트

지금 문을 연 레스토랑은 있나요?

Do you know of any restaurants open now?

두 유 노우 업 에니 레스터란트스 오픈 나우

이곳 로컬푸드를 먹고 싶은데요.

I'd like to have some local food.

아이드 라익 투 햅 섬 로컬 푸드

---

01 대화 다시 듣기

□ □ □

A: 괜찮은 식당 있으면 추천 좀 해주세요.

B: 모퉁이에 좋은 가게가 하나 있습니다.

학습일 /

Unit

02 식당 예약

Mini Talk

A: I'd like to reserve a table for three.

아이드 라익 투 리저브 어 테이벌 포 쓰리

3인용(테이블)을 예약하고 싶은데요.

B: May I have your name, please?

메이 아이 햅 유어 네임, 플리즈

성함을 말씀해 주시겠어요?

Check Point!

식당에 가기 전에 예약을 해두는 게 여러모로 편해요. 맛집이라고 무작정 찾아갔는데 예약이 꽉 차서 자리가 없으면 완전 낭패니까요. 전화를 걸어서 Do I need a reservation?(예약을 해야 해요?)라고 물어보고 I'd like to make a reservation for 2 people at 6pm this evening.(오늘 저녁 6시에 두 사람 예약할게요) 등으로 예약해야 해요.

Basic Expression

예약을 해야 하나요?

Do I need a reservation?

두 아이 니드 어 레저베이션

예약 좀 해주시겠어요?

Could you make a reservation for me?

쿠쥬 메익 어 레저베이션 포 미

일행은 몇 분이십니까?

How large is your party?

하우 라쥐 이즈 유어 파티

창가 테이블로 주세요.

I'd like a table by the window.

아이드 라익 어 테이벌 바이 더 윈도우

몇 시까지 영업을 하죠?

How late is it open?

하우 레잇 이즈 잇 오픈

거기는 어떻게 가죠?

How can I get there?

하우 캔 아이 겟 데어

02 대화 다시 듣기

□ □ □

A: 3인용(테이블)을 예약하고 싶은데요.

B: 성함을 말씀해 주시겠어요?

학습일 / ☐

Unit 03

자리에 앉을 때까지

Mini Talk

A: **We need a table for two.**

위 니드 어 테이벌 포 투

2인용 테이블로 해 주세요.

B: **Please wait to be seated.**

플리즈 웨잇 투 비 씨티드

안내해 드릴 때까지 기다려 주십시오.

Tip

Check Point!

식당에 가면 빈자리가 있어도 그냥 가서 앉으면 안 돼요. 웨이터가 올 때가지 기다렸다가 예약을 확인하고 We have a reservation under the name of Junho Kim.(김준호 이름으로 예약했어요) 웨이터가 안내해주는 자리에 가서 앉아야 하죠. under the name of는 '~의 이름으로'라는 뜻을 가진 숙어예요. 예약을 확인할 때 유용하게 쓸 수 있는 표현이죠.

Basic Expression

예약을 했는데요.

I have a reservation.

아이 해버 레저베이션

자리 있어요?

Can we have a table?

캔 위 해버 테이블

몇 분이십니까?

How many of you, sir?

하우 메니 업 유, 써ㄹ

지금 자리가 다 찼습니다.

No tables are available now.

노 테이벌즈 아 어베일러블 나우

어느 정도 기다려야 하죠?

How long do we have to wait?

하우 롱 두 위 햅 투 웨잇

저쪽으로 옮길 수 있을까요?

Could we move over there?

쿠드 위 무브 오버 데어

---

03 대화 다시듣기

□ □ □

A: 2인용 테이블로 해 주세요.

B: 안내해 드릴 때까지 기다려 주십시오.

학습일 / □

Unit

04 식사주문

Mini Talk

A: **Can I see the menu, please?**

캔 아이 씨 더 메뉴, 플리즈

메뉴 좀 볼 수 있을까요?

B: **Here's our menu, sir.**

히어즈 아워 메뉴, 써ㄹ

메뉴 여기 있습니다, 손님.

Tip

Check Point!

외국 식당에서 영어로 식사를 주문하려면 특정 단어와 표현들을 알아야 하고 주문할 때도 예의를 갖추는 것이 중요해요. 대부분의 영어 원어민들은 주문하기 전에 반드시 먼저 인사를 하고 음식을 주문할 때도 I want ~.(~주세요)라고 하지 않고 Can I get ~(~를 주문할 수 있을까요?)라고 해요. 달라고 요구하는 게 아니라 줄 수 있느냐고 물어보는 거죠.

Basic Expression

주문할게요.

We are ready to order.

위 아 레디 투 오더

주문하시겠습니까?

Are you ready to order?

아 유 레디 투 오더

이것으로 주세요.

I'll take this one.

이일 테익 디스 원

저도 같은 것으로 주세요.

I'll have the same.

아일 햅 더 쎄임

뭐가 빨리 되죠?

What can you serve quickly?

왓 캔 유 써브 퀵클리

다른 주문은 없으십니까?

Anything else?

애니씽 엘스

---

04 대화 다시 듣기

□ □ □

A: 메뉴 좀 볼 수 있을까요?

B: 메뉴 여기 있습니다, 손님.

Unit

05 식당에서의 트러블

Mini Talk

A: **This soup tastes funny.**

디스 숩 테이스트스 퍼니

수프 맛이 이상한데요.

B: **Would you like another one?**

우쥬 라익 어나더 원

다른 것으로 드릴까요?

Check Point!

여행지에서 모처럼 현지 음식을 즐기려는데 뜻하지 않게 안 좋은 일이 일어나기도 해요. 음식이 잘못 된 경우도 있고 나보다 늦게 온 사람들 음식은 다 나오는데 내가 주문한 음식만 안 나올 때도 있죠. 그럴 때 필요한 영어 표현도 몇 가지는 알아두자고요. When is my food coming?(음식은 언제 오나요?) / This soup tastes funny.(수프 맛이 이상해요)

요리가 아직 안 나오는데요.

We're still waiting for our food.

위아 스틸 웨이팅 포 아워 푸드

이건 주문을 안 했는데요.

I didn't order this.

아이 디든ㅌ 오더 디스

주문을 바꿔도 될까요?

Can I change my order?

캔 아이 체인지 마이 오더

주문을 취소하고 싶은데요.

I want to cancel my order.

아 원 투 캔슬 마이 오더

음식에 이상한 것이 들어 있어요.

There is something strange in my food.

데어리즈 썸씽 스트레인지 인 마이 푸드

이 음식이 상한 것 같은데요.

I'm afraid this food is stale.

아임 어프레이드 디스 푸드 이즈 스테일

05 대화 다시듣기

□ □ □

A: 수프 맛이 이상한데요.

B: 다른 것으로 드릴까요?

학습일 / □

Unit

06 식사를 하면서

Mini Talk

A: **Excuse me, Waiter?**

익스큐즈 미, 웨이터

저기요?

B: **Yes. Can I help you?**

예스. 캔 아이 헬프 유

예, 뭘 도와드릴까요?

Check Point!

Manners make man.(매너가 사람을 만든다)는 말이 있죠. 식당에서 지켜야 할 매너는 첫째, Turn off your cell phone.(핸드폰은 꺼두세요) 둘째, Don't talk too loud.(시끄럽게 이야기하지 마세요) 셋째, Don't speak with your mouth full.(입에 음식을 넣은 채로 말하지 마세요) 넷째, Avoid grooming at the dining table.(식탁에서 몸단장하는 것은 피해주세요)

Basic Expression

먹는 법을 알려 주시겠어요?

Could you tell me how to eat this?

쿠쥬 텔 미 하우 투 잇 디스

테이블 좀 치워 주실래요?

Could you please clear the table?

쿠쥬 플리즈 클리어 더 테이벌

물 좀 더 주시겠어요?

May I have more water?

메이 아이 햅 모어 워터

빵 좀 더 주세요.

I'd like some more bread, please.

아이드 라익 썸 모어 브레드, 플리즈

소금 좀 건네주세요.

Pass me the salt, please.

패스 미 더 쏠트, 플리즈

이 음식을 싸 주시겠어요?

Would you wrap this for me?

우쥬 랩 디스 포 미

06 대화 다시 듣기

□□□

A: 저기요?

B: 예, 뭘 도와드릴까요?

학습일 /

Unit

07 음식 맛의 표현

Mini Talk

A: **How does it taste?**

하우 더즈 잇 테이스트

맛이 어떻습니까?

B: **It's very good.**

잇츠 베리 굿

아주 맛있는데요.

Tip

Check Point!

외국에 가서 다양한 현지 음식을 맛보고 그 맛을 구체적으로 표현할 수 있다면 얼마나 좋을까요! The apple pie is warm and crunchy.(사과 파이가 따뜻하고 바삭바삭해)라고 말하지 못해도 단어만으로도 충분해요. sweet(달콤한), salty(짠), sour(신, 떫은), bland(싱거운), greasy(느끼한), light(담백한), hot(매운), fishy(비린), tangy(톡 쏘는), crispy(바삭바삭한)

Basic Expression

맛이 어때요?

How does it taste?

하우 더즈 잇 테이스트

정말 맛있어요!

It's very delicious!

잇츠 베리 딜리셔스

생각보다 맛있군요.

It's better than I expected.

잇츠 베러 댄 아이 익스펙티드

이건 제 입맛에 안 맞아요.

This food doesn't suit my taste.

디스 푸드 더즌ㅌ 숫 마이 테이스트

먹음직스러워 보이네요.

That sounds appetizing.

댓 싸운즈 애피타이징

맛있는 냄새가 나는데요.

That smells delicious.

댓 스멜즈 딜리셔스

---

07 대화 다시 듣기

☐ ☐ ☐

A: 맛이 어떻습니까?

B: 아주 맛있는데요.

학습일 / □

Unit

08 식당에서의 계산

Mini Talk

A: **Did you enjoy your lunch?**

디쥬 인조이 유어 런치

점심 식사 맛있게 드셨어요?

B: **I enjoyed it very much.**

아이 인조이드 잇 베리 머치

아주 맛있게 먹었습니다.

Check Point!

식사가 다 끝나면 손을 들어서 Excuse me!라고 웨이터나 웨이트리스를 불러 계산서(bill)를 가져다 달라고(Check(Bill), please.) 부탁해요. 계산서에 세금과 봉사료가 포함되어 있는 경우에는 팁을 따로 줄 필요 없습니다. 그러나 봉사료가 포함되어 있지 않는 경우에는 계산서의 15~20% 정도의 팁을 따로 테이블에 놓아두어야 해요.

Basic Expression

계산서 좀 갖다 주시겠어요?

May I have the check, please?

매이 아이 햅 더 첵, 플리즈

어디서 계산하나요?

Where shall I pay the bill?

웨어 쉘 아이 페이 더 빌

봉사료는 포함되어 있나요?

Is it including the service charge?

이즈 잇 인클루딩 더 써비스 차지

제가 낼게요.

I want to treat you.

아이 원 투 트릿 유

각자 내기로 하죠.

Let's go Dutch.

렛츠 고우 더취

이건 당신께 드리는 팁입니다.

This is a tip for you.

디스 이즈 어 팁 포 유

08 대화 다시 듣기

A: 점심 식사 맛있게 드셨어요?

B: 아주 맛있게 먹었습니다.

☐ ☐ ☐

학습일 / □

Unit

09 음료와 술을 마실 때

Mini Talk

A: **This coffee was delicious.**

디스 카피 워즈 딜리셔스

이 커피 맛있네요.

B: **How about seconds?**

하우 어바웃 쎄컨즈

한 잔 더 할래요?

Tip

Check Point!

북미에서 liquor는 보통의 주류(alcoholic beverages)를 가리키고, Alcohol은 맥주(beer), 와인(wine), 화주(스피릿, spirits)의 주성분이기도 하고, 병원에서 소독용으로 사용하는 알코올이기도 해서 술과 관련해서는 Alcohol이라는 단어를 잘 사용하지 않아요. 맥주(beer)는 brew, brewsky, a cold one이라고도 해요. Would you like a brew?(맥주 좋아하세요?)

Basic Expression

커피 한 잔 어때요?

How about a cup of coffee?

하우 어바웃 어 컵 업 카피

커피 한 잔 주세요.

A cup of coffee, please.

어 컵 업 카피, 플리즈

술 한 잔 어때요?

How about a drink?

하우 어바웃 어 드링크

맥주 한 잔 드실래요?

Would you like a beer?

우쥬 라익 어 비어

건배!

Cheers!

치어즈

나는 그렇게 술을 많이 마시는 사람은 아니에요.

I'm not such a big drinker.

아임 낫 써치 어 빅 드링커

---

09 대화 다시 듣기

□ □ □

A: 이 커피 맛있네요.

B: 한 잔 더 할래요?

학습일 /

Unit 10

패스트푸드점에서

Mini Talk

A: **For here or to go?**

포 히어 오어 투 고우

여기서 드실 겁니까, 가지고 가실 겁니까?

B: **To go, please.**

투 고우, 플리즈

가지고 갈 겁니다.

Check Point!

패스트푸드점이나 카페테리아는 레스토랑보다 훨씬 가볍게 이용할 수 있어서 시간에 쫓기는 사람들에게는 간단하게 배를 채울 수 있어서 딱 좋죠. 시간이 많아도 그 자리에서 만들어 주는 샌드위치나 핫도그, 포테이토칩 등을 좋아해서 굳이 찾아가서 먹는 사람도 있지만요. 거기서 먹을 때는 I'll eat here.라고 하고, 포장해 달라고 할 때는 To go, please.라고 하면 됩니다.

Basic Expression

햄버거 두 개 주세요.

Can I have two hamburgers?

캔 아이 햅 투 햄버거즈

프렌치 프라이 큰 거 하나 주세요.

One large french fries, please.

원 라지 프렌치 프라이즈, 플리즈

핫도그하고 콜라 작은 걸로 주세요.

A hot dog and a small coke, please.

어 핫 도그 앤 어 스몰 코욱, 플리즈

케첩을 발라드릴까요, 마요네즈를 발라드릴까요?

With ketchup or mayonnaise?

위드 케첩 오어 메이어네이즈

(요리를 가리키며) 이걸 샌드위치에 넣어 주세요.

Put this in the sandwich, please.

풋 디스 인 더 쌘드위치, 플리즈

치즈피자 세 조각 주세요.

Three slices of cheese pizza, please.

쓰리 슬라이시즈 업 치즈 핏서, 플리즈

10 대화 다시 듣기

☐ ☐ ☐

A: 여기서 드실 겁니까, 가지고 가실 겁니까?

B: 가지고 갈 겁니다.

앞에서 배운 대화 내용입니다. 빈 칸을 채워보세요. 기억이 잘 안 난다고요?
녹음이 있잖아요. 녹음을 듣고 써보세요 . 정답은 각 유닛에서 확인하세요.

01 식당을 찾을 때

A: ______________________________?

B: The one around the corner is excellent.

괜찮은 식당 있으면 추천 좀 해주세요.
모퉁이에 좋은 가게가 하나 있습니다.

02 식당 예약

A: ______________________________.

B: May I have your name, please?

3인용(테이블)을 예약하고 싶은데요.
성함을 말씀해 주시겠어요?

03 자리에 앉을 때까지

A: ______________________________.

B: Please wait to be seated.

2인용 테이블로 해 주세요.
안내해 드릴 때까지 기다려 주십시오.

04 식사주문

A: ______________________, __________?

B: Here's our menu, sir.

메뉴 좀 볼 수 있을까요?
메뉴 여기 있습니다, 손님.

05 식당에서의 트러블

A: This soup tastes funny.

B: ______________________________?

수프 맛이 이상한데요.
다른 것으로 드릴까요?

06 식사를 하면서

A: Excuse me, Waiter?

B: Yes. ______________________?

저기요?

예, 뭘 도와드릴까요?

07 음식 맛의 표현

A: ______________________?

B: It's very good.

맛이 어떻습니까?

아주 맛있는데요.

08 식당에서의 계산

A: Did you enjoy your lunch?

B: ______________________.

점심 식사 맛있게 드셨어요?

아주 맛있게 먹었습니다.

09 음료와 술을 마실 때

A: ______________________.

B: How about seconds?

이 커피 맛있네요.

한 잔 더 할래요?

10 패스트푸드점에서

A: ______________________?

B: To go, please.

여기서 드실 겁니까, 가지고 가실 겁니까?

가지고 갈 겁니다.

EVERYDAY

Part 07

쇼핑

영어
퐁퐁퐁

학습일 /

Unit

01 쇼핑 안내를 받을 때

Mini Talk

A: **Where's a good area for shopping?**

웨어즈 어 굿 에어리어 포 샤핑

쇼핑하기에 어디가 좋죠?

B: **5th(fifth) Avenue is good.**

피프쓰 애버뉴 이즈 굿

5번가가 좋아요.

Check Point!

쇼핑은 여행의 커다란 즐거움의 하나죠. 나라마다 특색 있는 상품을 파는 유명한 가게들이 있어요. 여행을 떠나기 전에 쇼핑 목록을 작성하고 싼 가게, 쇼핑센터 등을 인터넷 서핑 등으로 사전에 파악해서 쇼핑 계획을 짜둬야 빠짐없이 알뜰하게 빠른 시간 내에 살 수 있어요. 바겐 시즌은 나라마다 달라요. 미국은 1월, 3월, 11월이고, 영국은 6~7월, 12~1월이에요.

Basic Expression

쇼핑가는 어디죠?

Where is the shopping area?

웨어리즈 더 샤핑 에어리어

가장 큰 쇼핑센터는 어디에 있어요?

Where is the biggest shopping center?

웨어리즈 더 빅기스트 샤핑 센터

여기서 가장 가까운 슈퍼마켓은 어디죠?

Where is the nearest supermarket from here?

웨어리즈 더 니어리스트 수퍼마킷 프럼 히어

집사람에게 줄 선물을 찾고 있는데요.

I'm looking for a gift for my wife.

아임 루킹 포 어 기프트 포 마이 와이프

백화점은 어디에 있어요?

Where is the department store?

웨어리즈 더 디파트먼트 스토어

면세점은 어디 있어요?

Where is the duty free shop, please?

웨어리즈 더 듀티 프리 샵, 플리즈

01 대화 다시듣기

☐ ☐ ☐

A: 쇼핑하기에 어디가 좋죠?

B: 5번가가 좋아요.

Unit

02 쇼핑몰에서

Mini Talk

A: **Do you have a floor plan?**

두 유 해버 플로어 플랜

매장 안내도 있나요?

B: **Yes, sir. Here you are.**

예스, 써ㄹ. 히어 유 아

네, 여기 있습니다.

Check Point!

어느 나라나 쇼핑몰은 대개 규모가 굉장히 크기 때문에 매장, 엘리베이터, 에스컬레이터, 화장실, 식당가, 이벤트 몰 등 쇼핑몰 내의 시설 위치를 찾는 질문을 많이 하게 되죠. 우리가 흔히 착각하는 것이 for sale과 on sale이에요. for sale은 '판매용'이라는 뜻이고, on sal이 바로 우리가 찾는 '세일 중'이에요. for sale 팻말 앞에서 왜 가격이 안 싼지 따지지 마세요.

Basic Expression

매장 안내소는 어디에 있죠?

Where is the information booth?

웨어리즈 디 인포메이션 부쓰

엘리베이터는 어디 있어요?

Where can I find the elevators?

웨어 캔 아이 파인드 디 엘러베이터즈

쇼핑 카트 있는 데가 어디죠?

Where can I get a shopping cart?

웨어 캔 아이 겟 어 샤핑 카트

그건 몇 층에 있나요?

Which floor is it on?

위치 플로어 이즈 잇 온

화장품 코너는 어디에 있나요?

Where is the cosmetic counter?

웨어리즈 더 카즈메틱 카운터

이건 언제쯤 세일을 하죠?

When is it going to be on sale?

웬 이즈 잇 고우잉 투 비 온 쎄일

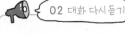

02 대화 다시 듣기

A: 매장 안내도 있나요?

B: 네, 여기 있습니다.

□ □ □

학습일 / ☐

Unit 03

물건을 찾을 때

Mini Talk

A: **Could you gift-wrap it?**

쿠쥬 기프트 랩 잇

선물용으로 포장해 주시겠어요?

B: **Yes, Ma'am.**

예스, 맴

네, 사모님.

Tip

Check Point!

물건을 찾을 때 가장 많이 쓰는 표현은 I would like ~.(~을 좀 사고 싶어요) / I'm looking for ~.(~을 찾고 있어요) / I need ~.(~이 필요해요) 패턴이에요. 찾고 있는 물건을 설명하기 어려울 때는 사진을 보여주면서 Do you have this?(이거 있어요?) / Do you know where I can get this?(이거 어디서 구할 수 있는지 아세요?)라고 물어도 되요.

Basic Expression

도와드릴까요?

May I help you?

메이 아이 헬프 유

신발 매장은 어디 있어요?

Where can I find the shoes?

웨어 캔 아이 파인드 더 슈즈

화장품 매장은 몇 층이에요?

Which floor is the cosmetics?

위치 플로어 이즈 더 카즈메틱스

그냥 둘러보고 있습니다.

I'm just looking.

아임 저스트 루킹

제가 찾는 물건이 아닙니다.

That's not what I wanted.

댓츠 낫 웟 아이 원티드

더 작은 것은 없어요?

Don't you have a smaller one?

돈츄 해버 스몰러 원

03 대화 다시 듣기

☐ ☐ ☐

A: 선물용으로 포장해 주시겠어요?

B: 네, 사모님.

학습일 /

Unit

04 물건을 고를 때

Mini Talk

A: **It looks good on you.**

잇 룩스 굿 온 유

잘 어울리시네요.

B: **It fits perfectly. I'll take it.**

잇 핏스 퍼펙틀리. 아일 테익 잇

몸에도 딱 맞아요. 이걸로 살게요.

Check Point!

가게에 들어가면 점원이 May I help you?(도와드릴까요?) / What are you looking for?(뭐 찾으세요?)라고 물어보죠. 그럴 때 I'm just looking.(그냥 보는 거예요)라고 대답하면 점원이 쫓아 다니지 않아요. 마음에 드는 상품은 점원에게 보여 달라고 부탁하고, I'm going to try it.(입어볼게요)라고 말한 다음; Fitting room(탈의실)에 가서 옷을 입어볼 수 있어요.

Basic Expression

입어 봐도 될까요?

Can I try it on?

캔 아이 트라이 잇 온

이건 좀 작네요.

This is a little tight.

디스 이즈 어 리를 타잇

이 옷은 무슨 천이에요?

What material is this dress made of?

왓 머티어리얼 이즈 디스 드레스 메이드 업

이거 세탁기 돌려도 되나요?

Is this machine-washable?

이즈 디스 머쉰-워셔블

저 셔츠 좀 보여주시겠어요?

Will you show me that shirt?

윌 유 쇼우 미 댓 셔트

이걸로 살게요.

I'll take it.

아일 테익 잇

---

04 대화 다시듣기

□ □ □

A: 잘 어울리시네요.

B: 몸에도 딱 맞아요. 이걸로 살게요.

학습일 /

Unit
05 물건 값을 흥정할 때

Mini Talk

A: **It's out of my budget.**

잇츠 아웃 업 마이 버짓

그건 제 예산 밖인데요.

B: **What's your budget?**

왓츠 유어 버짓

예산이 어느 정도인데요?

Check Point!

가게에 따라 값이 다른 경우가 많으니까 몇 군데 다녀보는 게 좋아요. 특히 보석이나 시계 등의 귀중품 종류는 믿을 수 있는 곳에서 사야 하죠. 값을 흥정하는 표현은 거의 정해져 있어요. Excuse me. How much is this?(저기요, 이거 얼마예요?)라고 묻고 That's a bit too expensive.(너무 비싸요)라고 말한 다음, Can I get a discount?(깎아주세요)라고 하는 거죠.

Basic Expression

너무 비싸요.

It's too expensive.

잇츠 투 익스펜씨브

가격은 적당하네요.

The price is reasonable.

더 프라이스 이즈 리즈너블

더 싼 것은 없나요?

Anything cheaper?

에니씽 치퍼

할인해 줄 수 있어요?

Can you give me a discount?

캔 유 깁 미 어 디스카운트

깎아주면 살게요.

If you discount I'll buy.

이프 유 디스카운트 아일 바이

값은 깎지 마세요, 정찰제입니다.

We do not bargain. Our prices are fixed.

위 두 낫 바긴. 아워 프라이시즈 아 픽스트

05 대화 다시듣기

☐ ☐ ☐

A: 그건 제 예산 밖인데요.

B: 예산이 어느 정도인데요?

학습일 /

Unit 06

물건 값을 계산할 때

Mini Talk

A: **How much are they in all?**

하우 머치 아 데이 인 올

전부 얼마죠?

B: **Twenty-three dollars including tax.**

투웬티-쓰리 달러즈 인클루딩 택스

세금을 포함해서 23달러입니다.

Check Point!

물건을 계산할 때 필수표현은 계산방식이에요. 점원이 현금으로 계산할 건지 카드로 계산할 건지(Cash or credit?) 물으면 I'll pay in cash.(현금으로 할게요) 또는 I'll pay with credit(카드로 할게요)라고 하면 되요. 그냥 Cash. / Credit card.라고만 말해도 되요. 영수증을 달라고 해서(Receipt, please.) 그 자리에서 바로 계산 내역을 확인하세요.

Basic Expression

얼마예요?

How much is it?

하우 머치 이즈 잇

전부 얼마예요?

How much are they in all?

하우 머치 아 데이 인 올

세금은 포함되어 있나요?

Does it include tax?

더즈 잇 인클루드 택스

이건 무료예요?

Is this free of charge?

이즈 디스 프리 업 차쥐

계산서를 주세요.

May I have a receipt?

메이 아이 해버 리싯

계산이 틀린 것 같은데요.

I think these figures don't add up.

아이 씽크 디즈 피겨즈 돈ㅌ 애드 업

---

06 대화 다시듣기

□ □ □

A: 전부 얼마죠?

B: 세금을 포함해서 23달러입니다.

학습일 / □

Unit

07 포장이나 배달을 원할 때

Mini Talk

A: **Do you deliver?**

두 유 딜리버

배달 되나요?

B: **No, we don't.**

노, 위 돈ㅌ

아뇨, 안 됩니다.

Check Point!

여행지에서 쇼핑할 때 구입한 물건들을 들고 다니는 것은 너무나 불편한 일이죠. 포장이나 배달을 부탁할 때 쓸 수 있는 간단한 표현을 쇼핑하러 갈 때 미리 알아두면 유용할 거예요. Would you wrap it up?(포장해 주세요) / Can I have this delivered to my place?(배달 가능한가요?) / Should I pay any extra charge for delivery?(배달요금이 따로 붙나요?)

이것 좀 포장해 주세요.

Could you wrap this?

쿠쥬 랩 디스

선물용으로 포장해 주세요.

Wrap it up for a gift.

랩 잇 업 포 어 기프트

선물용으로 포장하는 데 추가로 비용이 드나요?

Is there any extra charge for gift-wrapping?

이즈 데어 에니 엑스트러 차지 포 기프트 래핑

이걸 따로따로 포장해 주세요.

Wrap them separately.

랩 뎀 쎄퍼러틀리

배달해 줍니까?

Do you deliver?

두 유 딜리버

그걸 이 주소로 배달해 주세요.

Please deliver them to this address.

플리즈 딜리버 뎀 투 디스 어드레스

---

07 대화 다시듣기

A: 배달 되나요?

B: 아뇨, 안 됩니다.

☐ ☐ ☐

학습일 /

Unit

08 교환이나 환불을 원할 때

Mini Talk

A: **Would you exchange this for another?**

우쥬 익스체인지 디스 포 어나더

이걸 다른 것과 교환해 주시겠습니까?

B: **Yes, of course. Do you have the receipt?**

예스, 업 코스. 두 유 햅 더 리싯

물론이죠. 영수증 가지고 계십니까?

Check Point!

들뜬 기분으로 이것저것 샀다가 나중에 구입한 물건들을 정리하다보면 아, 이걸 왜 샀을까? 싶은 물건들을 발견하면 난감하죠. 환불 받을 때는 return 또는 refund, 교환할 때는 exchange를 사용해요. return은 물건을 돌려주면서 동시에 환불 받는 것을 의미하니까 refund를 따로 말하지 않아도 되요. 교환이나 환불을 받으려면 영수증이 꼭 있어야 한다는 점 잊지 마세요!

Basic Expression

이걸 교환해 주시겠어요?

Can I exchange this?

캔 아이 익스체인지 디스

다른 것으로 바꿔 주시겠어요?

Would you exchange it for another?

우쥬 익스체인지 잇 포 어나더

여기 영수증 있습니다.

Here's the receipt.

히어즈 더 리싯

전혀 작동하지 않습니다.

It doesn't work at all.

잇 더즌ㅌ 웍 앳 올

이걸 환불해 주시겠어요?

May I have a refund on this, please?

메이 아이 해버 리펀드 온 디스, 플리즈

이 표를 환불 받고 싶은데요.

I'd like to get a refund on this ticket.

아이드 라익 투 겟 어 리펀드 온 디스 티킷

---

08 대화 다시 듣기

☐ ☐ ☐

A: 이걸 다른 것과 교환해 주시겠습니까?

B: 물론이죠. 영수증 가지고 계십니까?

학습일 /

Unit 09

물건을 분실했을 때

Mini Talk

A: **Where have you lost it?**

웨어 햅 유 로스트 잇

어디서 잃어버렸나요?

B: **I can't quite remember.**

아이 캔ㅌ 콰잇 리멤버

기억이 가물가물해요.

Check Point!

해외여행 중에 무언가를 잃어버리면 참 대책 없죠. 귀중품 특히 여권을 잃어버렸을 때는 먼저 호텔의 경비담당이나 경찰에 신고를 하고 도난증명서를 발급받아야 해요. 재발행이나 보험을 청구할 때 필요하거든요. Where is the lost and found?(분실물 신고계가 어디죠?) / Please call the Korean Embassy.(한국대사관에 전화 좀 걸어 주세요)

지갑을 잃어버렸어요.

I lost my wallet.

아이 로스트 마이 월럿

여권을 잃어버렸어요.

I have lost my passport.

아이 햅 로스트 마이 패스포트

그걸 어디서 잃어버렸는지 기억이 안 나요.

I don't remember where I left it.

아이 돈ㅌ 리멤버 웨어라이 레프트 잇

택시에 가방을 두고 내렸어요.

I left my bag in a taxi.

아이 레프트 마이 백 인 어 택시

이 근처에서 가방 하나 보셨어요?

Did you see a bag around here?

디쥬 씨 어 백 어라운드 히어

분실물 센터는 어디입니까?

Where is the lost and found?

웨어리즈 더 로스트 앤 파운드

09 대화 다시 듣기

☐ ☐ ☐

A: 어디서 잃어버렸나요?

B: 기억이 가물가물해요.

학습일 /

Unit 10

도난당했을 때

Mini Talk

A: **My purse was stolen!**

마이 펄스 워즈 스톨런

지갑을 도둑맞았어요!

B: **Oh, report the card missing first.**

오, 리포트 더 카드 미씽 퍼스트

어머나, 카드 분실 신고부터 하세요.

Check Point!

물건을 도둑맞거나 강도를 당했을 때는 경찰에 신고해야죠. Call the police, please.(경찰을 불러주세요)라고 부탁하든지 직접 경찰서에 가서 I have to report a theft.(도난 신고를 하려고요)라고 말해요. I was robbed of my bag in front of the hotel.(호텔 앞에서 가방을 털렸어요) / It is white and big.(크고 하얀색이에요) 등으로 상황과 도난당한 물건을 설명해요.

Basic Expression

지갑을 잃어버렸어요.

I lost my purse.

아이 로스트 마이 퍼스

도난신고를 하고 싶어요.

I'd like to report a theft.

아이드 라익 투 리포트 어 쎄프트

옷가방을 도난당했어요.

I had my suitcase stolen.

아이 햇 마이 숫케이스 스톨런

지갑을 소매치기 당한 것 같아요.

My wallet was taken by a pickpocket.

마이 월렛 워즈 테이큰 바이 어 픽포킷

소매치기야!

Pickpocket!

픽포킷

경찰을 불러 주세요.

Call the police!

콜 더 폴리스

10 대화 다시 듣기

□ □ □

A: 지갑을 도둑맞았어요!

B: 어머나, 카드분실 신고부터 하세요.

앞에서 배운 대화 내용입니다. 빈 칸을 채워보세요. 기억이 잘 안 난다고요? 녹음이 있잖아요. 녹음을 듣고 써보세요 . 정답은 각 유닛에서 확인하세요.

01 쇼핑 안내를 받을 때

A: ______________________________?

B: 5th(fifth) Avenue is good.

쇼핑하기에 어디가 좋죠?
5번가가 좋아요.

02 쇼핑몰에서

A: ______________________________?

B: Yes, sir. Here you are.

매장 안내도 있나요?
네, 여기 있습니다.

03 물건을 찾을 때

A: ______________________________?

B: Yes, Ma'am.

선물용으로 포장해 주시겠어요?
네, 사모님.

04 물건을 고를 때

A: It looks good on you.

B: It fits perfectly. ______________.

잘 어울리시네요.
몸에도 딱 맞아요. 이걸로 살게요.

05 물건 값을 흥정할 때

A: ______________________________.

B: What's your budget?

그건 제 예산 밖인데요.
예산이 어느 정도인데요?

06 물건 값을 계산할 때

A: ______________________________?

B: Twenty-three dollars including tax.

전부 얼마죠?
세금을 포함해서 23달러입니다.

07 포장이나 배달을 원할 때

A: __________________?

B: No, we don't.

배달 되나요?
아뇨, 안 됩니다.

08 교환이나 환불을 원할 때

A: __________________________________?

B: Yes, of course. Do you have the receipt?

이걸 다른 것과 교환해 주시겠습니까?
물론이죠. 영수증 가지고 계십니까?

09 물건을 분실했을 때

A: __________________________?

B: I can't quite remember.

어디서 잃어버렸나요?
기억이 가물가물해요.

10 도난당했을 때

A: __________________________!

B: Oh, report the card missing first.

지갑을 도둑 맞았어요!
어머나, 카드분실 신고부터 하세요.

EVERYDAY

Part 08

초대와 방문

퐁퐁퐁
영어

Unit 01 전화를 걸 때

Mini Talk

A: **Hello, Is Jane there, please?**

헬로우, 이즈 제인 데어, 플리즈

여보세요. 제인 있어요?

B: **Yes, speaking.**

예스, 스피킹

네, 전데요.

Check Point!

전화를 걸 때는 전화를 받는 상대가 누구냐에 따라 표현이 달라져요. 친구랑 직장 상사랑 거래처 사람이랑 똑같을 수는 없으니까요. 요즘은 모두 셀폰을 가지고 있으니까 굳이 바꿔달라든가, 자리에 있느냐 없느냐, 메시지를 남기느냐 마느냐 하는 표현을 배울 필요도 없어졌죠. 아주 간단하게 Is Jane in? 하고 묻기도 해요. 전화 받는 거 너지? 하는 식의 표현이죠.

Basic Expression

제인이니?

Is Jane in?

이즈 제인 인

제인 있어요?

Is Jane there, please?

이즈 제인 데어, 플리즈

제인 좀 바꿔주세요.

May I speak to Jane?

메이 아이 스픽 투 제인

톰인데요, 제인 좀 바꿔주세요.

This is Tom calling for Jane.

디스 이즈 탐 콜링 포 제인

제인과 통화하고 싶습니다.

I'd like to speak to Jane, please.

아이드 라익 투 스픽 투 제인, 플리즈

말씀 좀 전해주시겠어요?

Could you take a message?

쿠쥬 테익 어 메씨지

01 대화 다시듣기

☐ ☐ ☐

A: 여보세요. 제인 있어요?

B: 네, 전데요.

학습일 /

Unit
02 전화를 받을 때

Mini Talk

A: **Hello, This is Jane calling for Tom.**

헬로우, 디스 이즈 제인 콜링 포 탐

여보세요, 제인인데요, 톰 좀 바꿔주세요.

B: **I'm sorry, but he's not here at the moment.**

아임 쏘리, 벗 히즈 낫 히어 앳 더 모먼트

미안하지만, 지금 없는데요.

Check Point!

외국어로 전화 통화를 할 때는 명료하고 간결하게 해야 합니다. 전화는 상대의 얼굴 표정이 보이지 않는 만큼 상대가 말하는 것을 정확히 알아듣는 것과 자기가 말하고자 하는 것을 명확하게 발음하는 것이 중요하니까요. 상대의 이름을 잘 알아듣지 못했으면 May I have your name again?(다시 한 번 성함을 말씀해 주시겠습니까?)이라고 분명하게 확인하세요.

Basic Expression

잠깐만 기다리세요.

Just a moment, please.

저스트 어 모먼트, 플리즈

잠깐만요.

Hang on a sec.

행 온 어 쎅

제인 바꿀게요.

I'll get Jane.

아일 겟 제인

그 이에게 전화 드리라고 할까요?

Do you want him to call you back?

두 유 원ㅌ 힘 투 콜 유 백

지금 다른 전화를 받고 계십니다.

He's on another line right now.

히즈 온 어나더 라인 라잇 나우

지금 회의 중입니다.

He's in a meeting.

히즈 인 어 미팅

02 대화 다시듣기

□ □ □

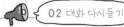

A: 여보세요, 제인인데요, 톰 좀 바꿔주세요.

B: 미안하지만, 지금 없는데요.

학습일 /

Unit 03

약속을 정할 때

Mini Talk

A: **Can I see you, today?**

캔 아이 씨 유, 투데이

오늘 만날 수 있을까요?

B: **I can't make it today, How about tomorrow?**

아이 캔ㅌ 메익 잇 투데이, 하우 어바웃 터마로우

오늘은 안 되겠는데, 내일은 어때요?

Check Point!

약속을 정할 때 시간과 장소는 대개 상대방의 사정에 맞추는 것이 일반적입니다. 특히 날짜나 시간은 정확하게 메모해 두는 습관을 들이는 것이 좋아요. 약속에 관한 표현은 일상생활에서 가장 사용 빈도가 높은 표현에 속하므로 When would it be convenient for you?(언제가 좋을까요?) / Can you make it?(괜찮겠어요?) 등의 일정한 상용표현을 마스터해 두세요.

지금 뵈러 가도 될까요?

May I call on you now?

메이 아이 콜 온 유 나우

몇 시에 만날까요?

What time shall we meet?

왓 타임 쉘 위 밋

몇 시가 편해요?

What time is convenient for you?

왓 타임 이즈 컨비니언트 포 유

몇 시가 가장 좋으세요?

What time is the best?

왓 타임 이즈 더 베스트

점심 약속 있으세요?

How are you fixed for lunch?

하우 아 유 픽스트 포 런치

어디서 만날까요?

Where shall we meet?

웨어 쉘 위 밋

---

03 대화 다시듣기

☐ ☐ ☐

A: 오늘 만날 수 있을까요?

B: 오늘은 안 되겠는데, 내일은 어때요?

학습일 / □

Unit

04 약속 제의에 응답할 때

Mini Talk

A: **Jane, why don't we have a drink after work?**

제인, 와이 돈ㅌ 위 해버 드링크 애프터 웍

제인, 일 끝나고 한 잔 할래요?

B: **I'd love to.**

아이드 러브 투

좋아요.

Check Point!

Do you want to go watch movie tonight?(저녁에 영화 보러 갈래?) 누가 이렇게 물어 봤을 때 좋으면 Sure!(그래), 선약이 있을 때는 I have plans with my friends tonight.(오늘 저녁에 친구들이랑 약속 있어)라고 해야죠. 친구들과 만나는 것 같은 가벼운 약속에는 I have plans ~ 패턴으로 표현하고, 절대로 appointment나 promise를 쓰지 않는다는 점! 잊지 마세요.

좋아요.

That'll be fine.

댓일 비 파인

언제라도 좋을 때 오세요.

Come at any time you like.

컴 앳 애니 타임 유 라익

언제라도 좋아요.

Any time.

애니 타임

미안하지만 선약이 있어요.

Unfortunately, I have an appointment.

언포처너틀리, 아이 해번 어포인트먼트

오늘은 안 되겠는데 내일은 어때요?

I can't make it today. How about tomorrow?

아이 캔ㅌ 메익 잇 투데이. 하우 어바웃 터마로우

날짜를 다시 정할 수 있을까요?

Could we reschedule the date?

쿠드 위 리스케줄 더 데이트

04 대화 다시듣기

A: 제인, 일 끝나고 한 잔 할래요?

B: 좋아요.

□ □ □

Unit 05 초대할 때

Mini Talk

A: **How about having dinner with me tonight?**

하우 어버웃 해빙 디너 윗 미 투나잇

오늘밤에 저와 저녁식사 하실래요?

B: **I'd love to. Where shall we meet?**

아이드 러브 투. 웨어 쉘 위 밋

좋아요. 어디서 만날까요?

Check Point!

초대는 더욱 가까이 지내고 싶다는 마음의 표시예요. 초대가 꼭 식사나 파티처럼 거창한 것에만 한정된 것은 아니니까요. 친한 사람에게는 Do you want to ~? / 그다지 친하지 않은 사람에게는 Would you like to ~? / 아직 어색한 사람에게는 I was wondering if you'd like to ~. 패턴을 쓰면 무난해요. I'd like to invite you ~.라고는 말하지 않는다는 점!

Basic Expression

저희 집에 오시겠어요?

Would you like to come to my place?

우쥬 라익 투 컴 투 마이 플레이스

저희집에 식사하러 오시겠어요?

Can you come over to my place for dinner?

캔 유 컴 오우버 투 마이 플레이스 포 디너

언제 한번 놀러 오세요.

Please come and see me sometime.

플리즈 컴 앤 씨 미 썸타임

언제 한번 들르세요.

Please drop by sometime.

플리즈 드랍 바이 썸타임

언제 식사나 한번 같이 합시다.

Let's have lunch sometime.

렛츠 햅 런치 썸타임

제 생일 파티에 와 주세요.

Please come to my birthday party.

플리즈 컴 투 마이 버쓰데이 파티

05 대화 다시 듣기

A: 오늘밤에 저와 저녁식사 하실래요? ☐ ☐ ☐

B: 좋아요. 어디서 만날까요?

학습일 / □

Unit
06 초대에 응답할 때

Mini Talk

A: **We're having a party tonight. Can you come?**

위아 해빙 어 파티 투나잇. 캔 유 컴

오늘밤에 파티할 건데 올래?

B: **Sure. I'll be there.**

슈어. 아일 비 데어

그럼. 꼭 갈게.

Tip

Check Point!

상대의 초대를 기꺼이 받아들일 때는 Yes, I'd like that.(네, 좋아요) / That sounds great! Thanks.(좋아. 고마워) / Yes, OK.(그래, 좋아) 등으로 간단하게 대답해요. 하지만 거절할 때는 미안하니까 말이 좀 길어지죠. Sorry, I can't. It's my dad's birthday.(미안해. 그날 아빠 생일이야) / Sorry, but I'll going to aerobics.(미안해. 에어로빅 가야해)

Basic Expression

좋아요.

Great!

그레잇

꼭 갈게요.

I'll be there.

아일 비 데어

기꺼이 가겠습니다.

I'll be glad to come.

아일 비 글래드 투 컴

좋아요.

That sounds good.

댓 싸운즈 굿

초대해 주셔서 감사합니다.

That's very kind of you.

댓츠 베리 카인드 업 유

미안하지만 갈 수 없습니다.

I'm sorry I can't.

아임 쏘리 아이 캔ㅌ

---

06 대화 다시 듣기

☐ ☐ ☐

A: 오늘밤에 파티할 건데 올래?

B: 그럼. 꼭 갈게.

학습일 /

Unit 07 방문할 때

Mini Talk

A: **Am I too early?**

앰 아이 투 얼리

제가 너무 일찍 왔나요?

B: **No, Alan and Emily are already here.**

노, 알렌 앤 에밀리 아 올레디 히어

아니에요, 알렌과 에밀리가 벌써 와 있어요.

Check Point!

서양에서는 남의 집을 방문했을 때 집 주인이 들어오라고 말하기 전에는 안으로 들어가지 않아요. 문 앞에서 주인과 방문객이 얘기하는 장면, 영화에 많이 나오잖아요. 안에서 누구냐고 물으면 Hi. This is Andy.(안녕. 앤디야)라고 해요. 이때 I am ~이 아니라 This is ~를 쓴다는 것과 집주인이 들어오라고(Come on in)할 때까지 기다려야 한다는 것을 꼭 기억하세요.

Basic Expression

브라운 씨 댁입니까?

Is this Mr. Brown's residence?

이즈 디스 미스터 브라운즈 레지던스

브라운씨 계세요?

Is Mr. Brown in?

이즈 미스터 브라운 인

인사하려고 잠깐 들렀습니다.

I just dropped in to say hello.

아이 저스트 드랍트 인 투 쎄이 헬로우

나중에 다시 오겠습니다.

I'll come again later.

아일 컴 어겐 레이터

집이 깨끗하고 예쁘네요.

You have a bright and lovely home.

유 해버 브라이트 앤 러블리 호움

이거 받으세요.

Here's something for you.

히어즈 썸씽 포 유

07 대화 다시듣기

□ □ □

A: 제가 너무 일찍 왔나요?

B: 아니에요, 알렌과 에밀리가 벌써 와 있어요.

Unit

08 방문객을 맞이할 때

Mini Talk

A: **Please make yourself at home.**

플리즈 메익 유어쎌프 앳 호움

편하게 계세요.

B: **Thank you. I feel at home already.**

땡큐. 아이 필 앳 호움 올레디

고마워요.

이미 편안해요.

Check Point!

집에 손님이 오면 무엇보다 반갑게 맞이하는 것이 가장 큰 친절이죠. 문 앞에서 수다를 떠느라 손님이 Can I come in?(들어가도 될까요?)라고 묻게 되기 전에 얼른 Welcome. Come on in.(반가워요. 들어오세요)라고 말해요. 초대한 손님이라면 I've been waiting for you.(기다리고 있었어요)라고 말하면서 This way, please.(이쪽으로 오세요)라고 거실로 안내합니다.

Basic Expression

어서 오세요.

You're most welcome.

유어 모스트 웰컴

와 줘서 정말 고마워요.

Thank you so much for coming.

땡큐 쏘우 머치 포 커밍

안으로 들어오세요.

Come in, please.

컴 인, 플리즈

앉으세요.

Please sit down.

플리즈 씻 다운

편히 계세요.

Please make yourself at home.

플리즈 메익 유어셀프 앳 호움

우리 집을 구경시켜 드릴게요.

Let me show you around my house.

렛 미 쇼우 유 어라운드 마이 하우스

08 대화 다시 듣기

☐ ☐ ☐

A: 편하게 계세요.

B: 고마워요. 이미 편안해요.

학습일 / ☐

Unit 09

방문객을 대접할 때

Mini Talk

A: **Would you like some more dessert?**

우쥬 라익 썸 모어 디저트

디저트 좀 더 드실래요?

B: **No, thanks, I'm stuffed.**

노, 땡스, 아임 스터프트

고맙지만 배불러요.

Check Point!

손님이 자기 집처럼 편안하게 느끼도록 할 수 있다면 최고의 대접이죠. Make yourself comfortable.(편히 계세요) / (It is) so glad you came!(와주셔서 정말 기뻐요!)라고 말하고 나면 우선 마실 것을 권하는 것이 예의예요. Would you like something to drink?(마실 것 좀 드릴까요?) 손님이 뭔가를 마시겠다고 대답하면 Coming right up!(당장 대령할게요!)라고 해요.

Basic Expression

저녁식사 준비 됐어요.

Dinner is ready.

디너 이즈 레디

한국 음식 좋아하세요?

Do you like Korean food?

두 유 라익 코리언 푸드

많이 드세요.

Please help yourself.

플리즈 헬프 유어쎌프

입맛에 맞으시면 좋겠어요.

I hope you like it.

아이 호웁 유 라익 잇

후식으로 이 초콜릿 푸딩을 드셔 보세요.

Try this chocolate pudding for dessert.

트라이 디스 초컬릿 푸딩 포 디저트

디저트 좀 더 드실래요?

Would you like some more dessert?

우쥬 라익 썸 모어 디저트

---

09 대화 다시듣기

□ □ □

A: 디저트 좀 더 드실래요?

B: 고맙지만 배불러요.

학습일 /

Unit

10 방문을 마칠 때

Mini Talk

A: I've had a great time. Thank you.

아이브 햇 어 그레잇 타임. 땡큐

정말 즐거웠어요. 감사합니다.

B: Oh, the pleasure was all mine.

오, 더 플레저 워즈 올 마인

아니에요, 오히려 제가 즐거웠어요.

Check Point!

식사 초대였다면 밥을 먹고 나서 I'm so full.(완전 배불러요) / I ate way too much!(너무 많이 먹었어요) 등으로 잘 먹었다는 표현을 하죠. 나도 그렇다고 말할 때는 So am I. 또는 Me too.라고 표현해요. 손님이 돌아갈 때 주인은 Have a safe drive and we will see you soon.(운전 조심하시고 곧 또 만나요)라고 인사하고 손님은 Thanks again! Bye!라고 인사해요.

Basic Expression

이제 가봐야겠어요.

I think I should get going.

아이 씽크 아이 슈드 겟 고우잉

이렇게 늦었는지 몰랐어요.

I didn't realize how late it was.

아이 디든ㅌ 리얼라이즈 하우 레잇 잇 워즈

정말 맛있는 식사였어요.

Thank you for the nice dinner.

땡큐 포 더 나이스 디너

이야기 즐거웠어요.

I've enjoyed talking with you.

아이브 인조이드 토킹 윗 유

정말 즐거웠어요.

I've really enjoyed myself.

아이브 리얼리 인조이드 마이셀프

우리 집에 언제 한번 오세요.

Come over to my place sometime.

컴 오버 투 마이 플레이스 썸타임

---

10 대화 다시듣기

□ □ □

A: 정말 즐거웠어요. 감사합니다.

B: 아니에요, 오히려 제가 즐거웠어요.

앞에서 배운 대화 내용입니다. 빈 칸을 채워보세요. 기억이 잘 안 난다고요?
녹음이 있잖아요. 녹음을 듣고 써보세요 . 정답은 각 유닛에서 확인하세요.

01 전화를 걸 때

A: Hello, ________________________?

B: Yes, speaking.

여보세요. 제인 있어요?
네, 전데요.

02 전화를 받을 때

A: Hello, ________________________.

B: I'm sorry, but he's not here at the moment.

여보세요, 제인인데요, 톰 좀 바꿔주세요.
미안하지만, 지금 없는데요.

03 약속을 정할 때

A: ________________________?

B: I can't make it today, How about tomorrow?

오늘 만날 수 있을까요?
오늘은 안 되겠는데, 내일은 어때요?

04 약속 제의에 응답할 때

A: Jane, why don't we have a drink after work?

B: ______________.

제인, 일 끝나고 한 잔 할래요?
좋아요.

05 초대할 때

A: ____?

B: I'd love to. Where shall we meet?

오늘밤에 저와 저녁식사 하실래요?
좋아요. 어디서 만날까요?

06 초대에 응답할 때

A: ______________________________. ________________?

B: Sure. I'll be there.

오늘밤에 파티할 건데 올래?
그럼. 꼭 갈게.

07 방문할 때

A: ______________________?

B: No, Alan and Emily are already here.

제가 너무 일찍 왔나요?
아니에요, 알렌과 에밀리가 벌써 와 있어요.

08 방문객을 맞이할 때

A: ____________________________________.

B: Thank you. I feel at home already.

편하게 계세요.
고마워요. 이미 편안해요.

09 방문객을 대접할 때

A: ____?

B: No, thanks, I'm stuffed.

디저트 좀 더 드실래요?
고맙지만 배불러요.

10 방문을 마칠 때

A: ______________________________. Thank you.

B: Oh, the pleasure was all mine.

정말 즐거웠어요. 감사합니다.
아니에요, 오히려 제가 즐거웠어요.

EVERYDAY

Part 09

공공장소

퐁퐁퐁
영어

학습일 / ☐

Unit 01

은행에서

Mini Talk

A: **Can I change some money here?**

캔 아이 체인지 썸 머니 히어

여기서 돈을 바꿀 수 있나요?

B: **No, sir. You've got to go to window 5.**

노, 써ㄹ. 유브 갓 투 고우 투 윈도우 파이브

아닙니다, 선생님.

5번 창구로 가셔야 합니다.

Check Point!

은행에서 환전을 하고 싶을 때는 Change these to dollars, please.(이것을 달러로 바꿔 주세요), 계좌를 만들고 싶을 때는 I would like to open an account.(계좌를 개설하고 싶어요), 단기간의 여행을 할 때는 은행이나 환전소(Exchange Bureau)를 이용하는 것으로 충분하지만 장기간 체류하는 경우에는 은행에 계좌를 만들어 놓는 것이 여러 모로 편리해요.

Basic Expression

현금자동지급기는 어디 있어요?

Where is the ATM?

웨어리즈 디 에이티엠

은행 카드를 잃어버렸어요.

I've lost my bank card.

아이브 로스트 마이 뱅크 카드

달러로 계산하면 얼마가 되죠?

How much is it in dollars?

하우 머치 이즈 잇 인 달러즈

100달러를 잔돈으로 바꿔주시겠어요?

Can you break a 100-dollar bill?

캔 유 브레익 어 원 헌드러드 달러 빌

이 여행자 수표를 현금으로 바꿔주세요.

I'd like to cash this traveler's check.

아이드 라익 투 캐시 디스 트래블러즈 첵

계좌를 개설하고 싶은데요.

I'd like to open an account.

아이드 라익 투 오픈 언 어카운트

---

01 대화 다시듣기

A: 여기서 돈을 바꿀 수 있나요?

B: 아닙니다, 선생님. 5번 창구로 가셔야 합니다.

☐ ☐ ☐

학습일 /

Unit

02 우체국에서

Mini Talk

A: I'd like to send this to Korea.

아이드 라익 투 쎈드 디스 투 코리어

이것을 한국으로 부치고 싶습니다.

B: Surface mail, airmail, or special delivery?

써피스 메일, 에어메일, 오어 스페셜 딜리버리

보통우편, 항공우편, 특급배송이 있는데요.

Check Point!

아무리 인터넷 시대라 해도 짐은 우체국에 가서 부쳐야죠. 우체국에서 쓸 수 있는 기본 표현은 반드시 익혀둬야 해요. Where can I buy stamps?(우표는 어디서 사요?) / Where can I put this?(이거 어디에 넣어요?) / By airmail, please.(항공편으로 부탁해요) / By seamail[surface mail], please.(선편으로 부탁해요) 선편은 가격은 싸지만 오래 걸려요.

Basic Expression

우표 10장 주세요.

Ten stamps, please.

텐 스탬프스, 플리즈

여기서 소포용 박스를 파나요?

Do you have parcel boxes here?

두 유 햅 파설 박시즈 히어

이 소포를 항공편으로 보내주세요.

Send this package by airmail, please.

쎈드 디스 패키지 바이 에어메일, 플리즈

서울까지 얼마나 걸릴까요?

How long will it take to reach Seoul?

하우 롱 윌 잇 테익 투 리치 서울

항공우편 요금은 얼마예요?

What's the air mail rate?

왓츠 디 에어 메일 레잇

등기로 해주세요.

I'd like to send it by registered mail.

아이드 라익 투 쎈드 잇 바이 레지스터드 메일

02 대화 다시듣기

□ □ □

A: 이것을 한국으로 부치고 싶습니다.

B: 보통우편, 항공우편, 특급배송이 있는데요.

학습일 /

Unit

03 이발소에서

Mini Talk

A: **How would you like to do your hair?**

하우 우쥬 라익 투 두 유어 헤어

머리 모양을 어떻게 해드릴까요?

B: **Just a trim, please.**

저스트 어 트림, 플리즈

다듬기만 해주세요.

Check Point!

우리는 이발소에 아무 때나 가지만 서구에서는 미리 예약을 하고 가는 것이 일반적이에요. How should I style it?(어떤 스타일로 해드릴까요?)라고 물으면 자신이 원하는 헤어스타일을 말하고 나서, 면도를 할 것인지, 이발만 할 것인지, 머리를 감을 것인지, 드라이를 할 것인지 등을 미리 말해야 해요. 특별히 원하는 것을 말하지 않으면 보통 커트만 해주거든요.

Basic Expression

이발을 하고 싶은데요.

I would like to have a haircut.

아이 우드 라익 투 해버 헤어컷

이발과 면도를 해 주세요.

A haircut and shave, please.

어 헤어컷 앤 쉐이브, 플리즈

이발만 해주세요.

Just a haircut, please.

저스트 어 헤어컷, 플리즈

약간만 다듬어 주세요.

Just a little trim.

저스트 어 리틀 트림

너무 짧게 하지 마세요.

Not too short, please.

낫 투 쇼트, 플리즈

머리를 염색하고 싶은데요.

I'd like to dye my hair.

아이드 라익 투 다이 마이 헤어

03 대화 다시듣기

A: 머리 모양을 어떻게 해드릴까요?

B: 다듬기만 해주세요.

학습일 /

Unit

04 미용실에서

Mini Talk

A: **How about getting a perm?**

하우 어바웃 게팅 어 펌

파마를 하시는 게 어때요?

B: **OK, then a soft perm, please.**

오케이, 댄 어 쏘프트 펌, 플리즈

좋아요.

약하게 파마를 해 주세요.

Check Point!

외국 미용실 중에는 간혹 파마를 아예 안 하는 곳도 있으니까 전화로 예약할 때 꼭 확인하고 필요한 표현도 미리 알아둬야 해요. I just want a haircut.(머리만 잘라주세요) / Just a root-touch up.(뿌리만 염색해주세요) / I'd like to get highlights.(하이라이트해주세요) Highlights/Lowlights는 현재 머리색보다 밝게/어둡게 전체적 들어가는 부분염색이에요.

오늘 오후 3시에 예약하고 싶은데요.

I'd like to have an appointment for 3 p.m.?

아이드 라익 투 해번 어포인트먼트 포 쓰리 피엠

머리는 어떻게 해드릴까요?

How would you like your hair done?

하우 우쥬 라익 유어 헤어 던

이 헤어스타일이 요즘 유행이에요.

This hairstyle is the latest fashion.

디스 헤어스타일 이즈 더 레이티스트 패션

여기까지 짧게 잘라주실래요?

Can you cut it short, up to here?

캔 유 컷 잇 쇼트, 업 투 히어

앞머리는 앞으로 내주세요.

I'd like to cut some bangs.

아이드 라익 투 컷 썸 뱅스

자연스럽게 해 주세요.

I want a casual hairdo.

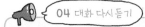

아이 원ㅌ 어 캐주얼 헤어두

04 대화 다시듣기

☐ ☐ ☐

A: 파마를 하시는 게 어때요?

B: 좋아요. 약하게 파마를 해 주세요.

학습일 / ☐

Unit

05 세탁소에서

Mini Talk

A: **May I help you?**

메이 아이 헬프 유

무엇을 도와 드릴까요?

B: **I need to get this suit dry cleaned.**

아이 니드 투 겟 디스 숫 드라이 클린드

이 셔츠 좀 드라이해 주세요.

Check Point!

계절이 바뀌면 평소보다 세탁소를 이용할 일이 많이 생겨요. 외국에서 세탁소를 이용할 때라도 필요한 표현들은 대개 정해져 있으니까 그리 어렵지 않아요. 세탁소(laundry)와 관련된 기본 숙어는 take one's clothes to a laundry(세탁소에 옷을 맡기다) / pick up the laundry(세탁소에서 세탁물을 찾다)예요. 빨래방(coin laundry)을 이용하면 싸고 간편해요.

이 양복 드라이해 주세요.

I need to get this suit dry cleaned.

아이 니드 투 겟 디스 슛 드라이 클린드

이 얼룩 좀 빼주세요.

Can you remove the stains?

캔 유 리무브 더 스테인즈

언제쯤 다 될까요?

When is it ready?

웬 이즈 잇 레디

이 바지 단 좀 줄여주실래요?

Can you hem these pants?

캔 유 헴 디즈 팬츠

세탁비용은 얼마예요?

How much do you charge for laundry?

하우 머치 두 유 차지 포 런드리

내일 아침까지 이 셔츠가 필요해요.

I need this shirt by tomorrow morning.

아이 니드 디스 셔트 바이 터마로우 모닝

05 대화 다시듣기

☐ ☐ ☐

A: 무엇을 도와 드릴까요?

B: 이 셔츠 좀 드라이해 주세요.

학습일 /

Unit

06 부동산에서

Mini Talk

A: **It's a very solid house.**

잇츠 어 베리 쏠리드 하우스

아주 튼튼한 집이에요.

B: **Yes, it is. How much is the monthly rent?**

예스, 잇 이즈. 하우 머치 이즈 더 먼쓸리 렌트

네, 그러네요.

월세는 얼마예요?

Check Point!

외국으로 이민을 가거나 유학 또는 장기적으로 체류하기 위해서는 가장 먼저 거주지를 마련해야 하죠. 집이나 사무실을 빌리려면 기초적인 부동산 용어 정도는 알아야 해요. 부동산은 property 또는 real estate라고 하는데 real estate는 '부동산 중개업'이라는 의미로 쓰기도 해요. 대개 월세로 집이나 방을 빌리게 되는데 monthly rent 또는 monthly lease라고 해요.

Basic Expression

원룸을 빌리고 싶은데요.

I want to rent a studio.

아이 원 투 렌트 어 스투디오

방 두 개짜리 아파트를 찾고 있어요.

I'm looking for a two bedroom apartment.

아임 루킹 포 어 투 배드룸 아파트먼트

월세는 얼마예요?

How much is the monthly rent?

하우 머치 이즈 더 먼쓸리 렌트

언제 입주할 수 있어요?

When can I move in?

웬 캔 아이 무브 인

보증금은 돌려받을 수 있나요?

Is the deposit refundable?

이즈 더 디파짓 리펀더블

아파트 좀 보여주시겠어요?

Would you mind showing me the apartment?

우쥬 마인드 쇼우잉 미 디 아파트먼트

06 대화 다시듣기

A: 아주 튼튼한 집이에요.

B: 네, 그러네요. 월세는 얼마예요?

□ □ □

학습일 / □

Unit
07 관공서에서

Mini Talk

A: **Are you an American citizen?**

아 유 언 어메리컨 시티즌

당신은 미국 시민입니까?

B: **I am a green card holder.**

아이 엠 어 그린 카드 홀더

나는 영주권자입니다.

Check Point!

담당자를 찾을 때는 Do you know who's in charge of visa certification?(어느 분이 비자 등록을 담당하세요?) / Which department should I go to?(어느 부서로 가야 해요?) 등으로 묻고, 담당자를 찾으면 접수를 해요. I'd like to register as a resident.(거주민 등록을 하고 싶어요) / What document do I have to fill out?(작성해야 할 서류가 뭐예요?)

이민국이 어디에 있죠?

Where is the Immigration office?

웨어리즈 더 이머그레이션 오피스

여권을 보여주시겠습니까?

May I see your passport?

메이 아이 씨 유어 패스포트

얼마나 체류할 겁니까?

How long will you stay?

하우 롱 윌 유 스테이

무슨 일을 합니까?

What is your occupation?

왓 이즈 유어 아큐페이션

방문 목적이 뭡니까?

What is the purpose of your visit?

왓 이즈 더 퍼퍼스 업 유어 비짓

현금을 얼마나 갖고 있습니까?

How much cash are you carrying?

하우 머치 캐시 아 유 캐링

---

07 대화 다시듣기

A: 당신은 미국 시민입니까?

B: 나는 영주권자입니다.

□ □ □

Unit 08 경찰서에서

Mini Talk

A: **What's up?**

왓츠 업

무슨 일이세요?

B: **I have to report a theft.**

아이 햅 투 리포트 어 쎄프트

도난 신고를 하려고요.

Check Point!

해외여행을 가서 경찰서를 찾을 일이 없어야겠지만 문제가 생겼을 때는 어쩔 수 없죠! 경찰서에서 쓸 수 있는 기본표현을 알고 있다면 갑작스러운 일에도 당황하지 않고 말할 수 있을 거예요. I have to report a theft.(도난 신고를 하려고요) / I had my wallet stolen with my passport.(여권과 지갑을 뺏겼어요) / My pocket must have been picked.(주머니를 털렸어요)

지갑을 도둑맞았어요.

I had my purse stolen.

아이 햇 마이 퍼쓰 스톨런

여권을 잃어버렸어요.

I have lost my passport.

아이 햅 로스트 마이 패스포트

자동차 사고가 났어요.

We've had a car accident.

위브 햇 어 카 액시던트

내 잘못이 아니었어요.

It was not my fault.

잇 워즈 낫 마이 폴트

한국대사관에 전화를 좀 걸어주세요.

Please call the Korean Embassy.

플리즈 콜 더 코리언 엠버시

변호사와 얘기하고 싶어요.

I want to talk to a lawyer.

아이 원 투 톡 투 어 로여

08 대화 다시듣기

□ □ □

A: 무슨 일이세요?

B: 도난 신고를 하려고요.

학습일 / □

Unit

09 미술관과 박물관에서

Mini Talk

A: **Excuse me, may I use a flash here?**

익스큐즈 미, 메이 아이 유즈 어 플래쉬 히어

저기요, 여기서 플래시를 사용해도 되나요?

B: **No. It`s not allowed anywhere within this museum.**

노. 잇츠 낫 얼라우드 에니웨어
위씬 디스 뮤지엄

아니요. 이 박물관의
어디서든 안 됩니다.

Tip

Check Point!

해외여행을 가면 거의 필수적으로 그 나라의 유명한 미술관과 박물관을 돌아보게 되는데요. 관람할 때 지켜야 할 규칙이나 예절 등은 어느 나라나 다 똑같으니까 팻말이나 표지판을 주의해서 보면 실수할 일은 없죠. Free admission(무료입장)인 곳도 꽤 많고, No photography(사진촬영 금지)라는 표지가 있는 곳에서는 절대로 사진을 찍으면 안 돼요.

Basic Expression

만지지 마세요.

Don't touch it.

돈트 터치 잇

여기서 사진 찍어도 돼요?

Can I take a picture here?

캔 아이 테익 어 픽처 히어

여기서 플래시를 사용해도 되나요?

May I use a flash here?

메이 아이 유즈 어 플래쉬 히어

입장료는 얼마예요?

How much is the admission fee?

하우 머치 이즈 디 애드미션 피

어른 두 장 주세요.

Two adults, please.

투 어덜트스, 플리즈

오후 6시에 폐관합니다.

The closing time is 6 p.m.

더 클로징 타임 이즈 식스 피엠

09 대화 다시 듣기

☐ ☐ ☐

A: 저기요, 여기서 플래시를 사용해도 되나요?

B: 아니요. 이 박물관의 어디서든 안 됩니다.

Unit 10 도서관에서

Mini Talk

A: I want to check this book out.

아이 원 투 첵 디스 북 아웃

이 책을 대출하고 싶어요.

B: May I see your library card?

메이 아이 씨 유어 라이브레리 카드

도서관 카드를 좀 보여주시겠어요?

Check Point!

외국에서 도서관을 이용할 때도 우리나라랑 똑같아요. 조용히 하고, 휴대전화는 꺼놓는 등의 규칙과 예절을 지켜야 하죠. 도서관 카드를 만들 때 필요한 표현, 책을 빌리거나 반납하는 표현, 대출기간이 얼마나 되는지, 한 번에 몇 권까지 빌릴 수 있는지, 연체료는 얼마인지 정도만 알아두면 도서관을 이용하는 데 거의 불편이 없을 거예요.

Basic Expression

이 책 빌릴 수 있나요?

Can I borrow this book?

캔 아이 바로우 디스 북

책 대출 기간이 얼마나 되죠?

How long can I keep these books?

하우 롱 캔 아이 킵 디즈 북스

이 책들의 대출 기간을 연장할 수 있어요?

May I renew these books?

메이 아이 리뉴 디즈 북스

몇 권까지 빌릴 수 있어요?

How many books can I check out?

하우 메니 북스 캔 아이 첵 아웃

이 책들 반납할게요.

I'd like to return these books.

아이드 라익 투 리턴 디즈 북스

도서관 안에서 휴대폰을 사용하지 마세요.

Do not use a cellphone in the library.

두 낫 유즈 어 셀포운 인 더 라이브레리

10 대화 다시듣기

☐ ☐ ☐

A: 이 책을 대출하고 싶어요.

B: 도서관 카드를 좀 보여주시겠어요?

앞에서 배운 대화 내용입니다. 빈 칸을 채워보세요. 기억이 잘 안 난다고요?
녹음이 있잖아요. 녹음을 듣고 써보세요 . 정답은 각 유닛에서 확인하세요.

01 은행에서

A: ________________________________?

B: No, sir. You've got to go to window 5.

여기서 돈을 바꿀 수 있나요?
아닙니다, 선생님. 5번 창구로 가셔야 합니다.

02 우체국에서

A: ________________________________.

B: Surface mail, airmail, or special delivery?

이것을 한국으로 부치고 싶습니다.
보통우편, 항공우편, 특급배송이 있는데요.

03 이발소에서

A: ________________________________?

B: Just a trim, please.

머리 모양을 어떻게 해드릴까요?
다듬기만 해주세요.

04 미용실에서

A: ________________________________?

B: OK, then a soft perm, please.

파마를 하시는 게 어때요?
좋아요. 약하게 파마를 해 주세요.

05 세탁소에서

A: May I help you?

B: ________________________________.

무엇을 도와 드릴까요?
이 셔츠 좀 드라이해 주세요.

06 부동산에서

A: It's a very solid house.

B: Yes, it is. ____________________________?

아주 튼튼한 집이에요.
네, 그러네요. 월세는 얼마예요?

07 관공서에서

A: ____________________________?

B: I am a green card holder.

당신은 미국 시민입니까?
나는 영주권자입니다.

08 경찰서에서

A: What's up?

B: ____________________________.

무슨 일이세요?
도난 신고를 하려고요.

09 미술관과 박물관에서

A: Excuse me, ____________________________?

B: No. It's not allowed anywhere within this museum.

저기요, 여기서 플래시를 사용해도 되나요?
아니요. 이 박물관의 어디서든 안 됩니다.

10 도서관에서

A: ____________________________.

B: May I see your library card?

이 책을 대출하고 싶어요.
도서관 카드를 좀 보여주시겠어요?

EVERYDAY

Part 10

병원

영어
퐁 퐁 퐁

학습일 /

Unit 01

병원에서

Mini Talk

A: **Excuse me, where's the reception desk?**

익스큐즈 미, 웨어즈 더 리셉션 데스크

실례합니다. 접수처가 어디 있어요?

B: **Go up this way, it's on your right side.**

고우 업 디스 웨이, 잇츠 온 유어 라이트 싸이드

이 길로 곧장 가시면
오른쪽에 있습니다.

Check Point!

외국에서 병원에 가려면 언어도 다르고 시스템도 다르고 보험 체계도 다르고 정말 난감하죠. 진료 과목 명칭은 내과 Internal Medicine, 산부인과 OB & Gyn, 안과 Ophthalmology, 소아과 Pediatrics, 정신과 Psychiatry, 치과 Dentistry, 성형외과 Plastic Surgery, 피부과 Dermatology, 정형외과 Orthopedics, 이비인후과 Otolaryngology/ENT 등이 있어요.

Basic Expression

이 근처에 병원이 있습니까?

Is there a hospital near here?

이즈 데어러 하스피털 니어 히어

병원으로 데려가 주세요.

Could you take me to a hospital, please?

쿠쥬 테익 미 투 어 하스피털, 플리즈

진료예약을 할 수 있을까요?

Can I make a doctor's appointment?

캔 아이 메익 어 닥터스 어포인트먼트

외래환자 입구는 어디입니까?

Where's the entrance for out-patients?

웨어즈 디 엔트런스 포 아웃 페이션스

접수창구는 어디입니까?

Where's the reception desk?

웨어즈 더 리셉션 데스크

진료실은 어디입니까?

Where's the doctor's office?

웨어즈 더 닥터스 오피스

01 대화 다시듣기

□ □ □

A: 실례합니다. 접수처가 어디 있어요?

B: 이 길로 곧장 가시면 오른쪽에 있습니다.

학습일 ／ □

Unit
02 증세를 물을 때

Mini Talk

A: Is something wrong with you?

이즈 썸씽 롱 윗 유

어디가 아프세요?

B: I have a headache.

아이 해브 헤데잌

머리가 아파요.

Check Point!

진찰을 받을 때는 의사가 물어보는 내용을 잘 이해하고 대답해야 해요. 병원에 가기 전에 What brings you here?(어떻게 오셨어요?) / What are your symptoms?(어디가 불편하세요?) / When did it start hurting.(언제부터 아팠어요?) / How dose it hurt?(어떻게 아프세요?) / Are you allergic to anything?(알레르기 있어요?) 등의 질문을 미리 알아두세요.

어디가 아파서 오셨습니까?

What brings you in?

왓 브링스 유 인

여기가 아픕니까?

Have you any pain here?

햅 유 애니 페인 히어

어디가 아프세요?

Where do you have pain?

웨어 두 유 햅 페인

이렇게 아픈지 얼마나 됐습니까?

How long have you had this pain?

하우 롱 햅 유 햇 디스 페인

또 다른 증상이 있습니까?

Do you have any other symptoms with it?

두 유 햅 에니 어더 심텀즈 윗 잇

오늘은 좀 어떠세요?

How do you feel today?

하우 두 유 필 투데이

02 대화 다시듣기

☐ ☐ ☐

A: 어디가 아프세요?

B: 머리가 아파요.

Unit

03 증상을 설명할 때

Mini Talk

A: **How long have you been coughing?**

하우 롱 햅 유 빈 커핑

기침한 지 얼마나 됐어요?

B: **Oh, about three days.**

오, 어바웃 쓰리 데이즈

아, 한 사흘쯤 됐어요.

Check Point!

의사에게 증세를 설명하려면 미리 자신의 증세에 맞는 표현을 구체적으로 다양하게 준비해야 해요. I have a rash on my arm, and It's very itchy.(팔에 두드러기가 났는데 무척 간지러워요) a rash는 홍역이나 알레르기로 피부에 난 두드러기이고, 근질근질하고 가려운 것은 itchy예요. I have a stiff neck.(목이 뻐근해요) / I've lost my appetite.(식욕이 없어요)

Basic Expression

어지러워요.

I feel dizzy.

아이 필 디지

구역질이 나요.

I feel nauseous.

아이 필 노셔스

식욕이 없어요.

I don't have any appetite.

아이 돈ㅌ 햅 에니 애퍼타이트

배탈이 났어요.

My stomach is upset.

마이 스터먹 이즈 업쎗

눈이 피곤해요.

My eyes feel tired.

마이 아이즈 필 타이어드

콧물이 나요.

I have a runny nose.

아이 해버 러니 노우즈

03 대화 다시듣기

☐ ☐ ☐

A: 기침한 지 얼마나 됐어요?

B: 아, 한 사흘쯤 됐어요.

학습일 / □

Unit

04 아픈 곳을 말할 때

Mini Talk

A: My eyes get red and tired easily.

메이 아이즈 겟 레드 앤 타이어드 이절리

눈이 쉬 충혈되고 피곤해요.

B: Put your forehead on here.

풋 유어 포헤드 온 히어

이마를 여기에 대세요.

Tip

Check Point!

ache는 headache(두통), toothache(치통)처럼 특정 신체 부위가 지속적으로 아프지만 심각하진 않은 통증을 말하고, pain은 ache보다 더 아프고 갑작스러워서 그냥 넘어갈 수 없는 통증을 말해요. 날카롭고 심한 고통은 a sharp pain, 약해서 견딜만한 고통은 a dull pain이에요. I ache all over.(온몸이 다 아파요) / I have chest pain.(가슴에 통증이 있어요)

Basic Expression

머리가 아파요.

I have a headache.

아이 해버 헤데익

눈이 따끔거려요.

My eyes feel sandy.

마이 아이즈 필 쌘디

이가 아파요.

I have a toothache.

아이 해버 투쎄익

목이 아파요.

I have a sore throat.

아이 해버 쏘어 쓰로웃

무릎이 아파요.

I have a pain in my knee.

아이 해버 페인 인 마이 니

어깨가 뻐근해요.

My shoulders are stiff.

마이 쇼울더즈 아 스티프

04 대화 다시 듣기

□ □ □

A: 눈이 쉬 충혈되고 피곤해요.

B: 이마를 여기에 대세요.

학습일 / ☐

Unit
05 검진을 받을 때

Mini Talk

A: **Have you ever had any serious problems?**

햅 유 에버 헤드 에니 씨어리어스 프라블럼즈

큰 질병을 앓은 적이 있으세요?

B: **Yes, I had tuberculosis when I was a child.**

예스, 아이 햇 튜버컬로우시스 웬 아이 워즈 어 차일드

네, 어릴 때 결핵을 앓았습니다.

Check Point!

건강검진은 medical check-up이라고 해요. I'm here for a check-up.(건강검진 받으러 왔어요) 주요 검사 항목은 physical examination(신체검사) / breast cancer screening(유방암 검사) / a blood test(혈액검사) / a urine test(소변검사) / gastroscopy(위 내시경) / colonoscopy(대장 내시경) / conscious sedation endoscopy(수면 내시경) 등이 있어요.

진찰해 봅시다.

Let me see.

렛 미 씨

누우세요.

Please lie down.

플리즈 라이 다운

체온을 재 봅시다.

Let's take your temperature.

렛츠 테익 유어 템퍼러춰

혈압을 재 봅시다.

Let's take your blood pressure.

렛츠 테익 유어 블러드 프레셔

목을 검사해 보겠습니다.

Let me examine your throat.

렛 미 이그재민 유어 쓰로웃

내려오세요.

Get down.

겟 다운

05 대화 다시듣기

☐ ☐ ☐

A: 큰 질병을 앓은 적이 있으세요?

B: 네, 어릴 때에 결핵을 앓았습니다.

학습일 /

Unit

06 수술을 받을 때

Mini Talk

A: **Amy out of surgery yet?**

에이미 아웃 업 써저리 옛

에이미는 수술 끝났어요?

B: **No, not yet. She should be soon.**

노, 낫 옛. 쉬 슈드 비 쑨

아직요, 곧 끝날 거예요.

Check Point!

수술은 surgery 또는 an operation으로 표현해요. 간(liver)이나 신장(a kidney)의 이식수술은 a transplant, 수혈은 a transfusion, 수술보다 무섭다는 합병증은 complications이에요. 수술을 결정하기 전에 꼭 물어보는 말은 Are you taking any medication?(복용하고 있는 약이 있어요?) / Have you ever had any operations? (수술을 받으신 병력이 있어요?)

Basic Expression

몇 가지 검사를 해야겠어요.

We'll need to run some tests.

위일 니드 투 런 썸 테스츠

수술을 해야 하나요?

Am I going to need surgery?

엠 아이 고우잉 투 니드 써저리

수술같은 것은 안 받았어요.

I didn't have any operations or anything.

아이 디든ㅌ 햅 에니 아퍼레이션즈 오어 에니씽

수술은 안 해도 될 것 같습니다.

We won't have to do surgery.

위 원ㅌ 햅 투 두 써저리

수술은 잘 되었습니다.

The surgery was fine.

더 써저리 워즈 파인

합병증은 없습니다.

There were no complications.

데어 워 노 캄플리케이션즈

06 대화 다시 듣기

A: 에이미 수술은 끝났어요?

B: 아직요, 곧 끝날 거예요.

학습일 / ☐

Unit 07

입원 또는 퇴원할 때

Mini Talk

A: **When can I leave the hospital?**

웬 캔 아이 리브 더 하스피털

언제 퇴원할 수 있죠?

B: **You'll be ready in a week.**

유일 비 레디 인 어 윅

일주일 후에는 퇴원해도 될 겁니다.

Check Point!

우리말의 '병원에 입원하다'는 go into a hospital / enter a hospital / be hospitalized라고 표현해요. 그냥 간단하게 I am hospitalized. / I am in the hospital. / I stay in the hospital.라고 해도 되고요. '병원에서 퇴원하다'는 leave the hospital / get out of the hospital, be discharged from the hospital이라고 표현해요.

Basic Expression

1인실로 주세요.

I want to have a private room.

아이 원 투 해버 프라이벗 룸

공동 병실도 괜찮아요.

I'll be all right in a ward.

아일 비 올 라이트 인 어 워드

꼭 입원해야 하나요?

Do I have to go to the hospital?

두 아이 햅 투 고우 투 더 하스피털

얼마나 입원해야 해요?

How long will I have to be in the hospital?

하우 롱 윌 아이 햅 투 비 인 더 하스피털

입원해도 보험이 적용될까요?

Will my insurance policy cover hospitalization?

윌 마이 인슈런스 팔리시 커버 하스피털러제이션

언제 퇴원할 수 있죠?

When can I leave the hospital?

웬 캔 아이 리브 더 하스피털

---

07 대화 다시 듣기

A: 언제 퇴원할 수 있죠?

B: 일주일 후에는 퇴원해도 될 겁니다.

☐ ☐ ☐

학습일 /

Unit

08 치과에서

Mini Talk

A: **I'm going to numb it up now.**

아임 고우잉 투 넘 잇 업 나우

마취 주사를 놓을게요.

B: **Yes, but be sure to numb it up good.**

예스, 벗 비 슈어 투 넘 잇 업 굿

네, 안 아프게 해주세요.

Check Point!

치과에서는 대개 전문적인 용어를 쓰기 때문에 기본적인 용어를 알아야 의사의 말을 알아들을 수 있어요. 치과치료는 Dental treatment, 치통은 Toothache, 스켈링은 Cleaning이에요. 충치(cavity), 충치치료(filling the cavities), 치태(plaque), 치석(tartar), 신경치료(root canal treatment), 잇몸치료(gum treatment), 치아미백(whitening) 등도 알아두세요.

입을 벌리세요.

Please open your mouth.

플리즈 오픈 유어 마우쓰

충치가 몇 개 있어요.

You have several cavities.

유 햅 쎄버럴 캐비티즈

잇몸에 염증이 있어요.

You have gingivitis.

유 햅 진지바이터스

입을 헹구세요.

Please rinse your mouth.

플리즈 린쓰 유어 마우쓰

치석을 제거해야 해요.

You need a scaling.

유 니드 어 스케일링

뱉으세요.

Please spit.

플리즈 스핏

08 대화 다시 듣기

☐ ☐ ☐

A: 마취 주사를 놓을게요.

B: 네, 안 아프게 해주세요.

Unit 09

병문안할 때

Mini Talk

A: **Please take care of yourself.**

플리즈 테익 케어럽 유어셀프

몸조리 잘 하세요.

B: **Thank you for coming by.**

땡큐 포 커밍 바이

와줘서 고마워요.

Check Point!

누가 병원에 입원했다는 소식을 들으면 마음이 편치 않아요. 요즘은 병문안이 오히려 환자에게 폐가 된다는 인식 때문에 아주 가까운 사람이 아니면 문자나 이메일, SNS 등으로 병문안을 하는 추세예요. get better/get well(낫다, 쾌유하다)를 써서 I am sorry to hear that you are not feeling well. Get well soon!(편찮으시다면서요? 빨리 회복하세요!)라고 위로하세요.

Basic Expression

면회 시간은 언제죠?

What time are visiting hours?

윗 타임 아 비지팅 아워즈

외과 병동은 어디 있어요?

Where is the surgical ward?

웨어리즈 더 써지컬 워드

생각보다 건강해 보이네요.

You look better than I expected.

유 룩 베러 댄 아이 익스펙티드

틀림없이 곧 완쾌될 겁니다.

I'm sure you'll be completely cured.

아임 슈어 유일 비 컴플리틀리 큐드

편하게 생각하고 푹 쉬세요.

Just take everything easy and relax.

저스트 테익 에브리씽 이지 앤 릴렉스

몸조리 잘 하세요.

Please take good care of yourself.

플리즈 테익 굿 케어럽 유어셀프

---

09 대화 다시듣기

□ □ □

A: 몸조리 잘 하세요.

B: 와줘서 고마워요.

학습일 /

Unit

10 약국에서

Mini Talk

A: **How many times a day should I take this?**

하우 메니 타임즈 어 데이 슈다이 테익 디스

하루에 몇 번 먹어요?

B: **You should take it every four hours.**

유 슈드 테익 잇 에브리 포 아워즈

4시간마다 드세요.

Tip

Check Point!

약국은 pharmacy와 drugstore 두 종류가 있는데, 영국이나 미국의 약국은 보통 마트 안에 있어요. pharmacy는 약과 의약품을 조제하고 판매하는 곳, 즉 우리식 약국이에요. drugstore는 의약품뿐만 아니라 신문, 캔디, 비누 등의 여러 가지 상품을 함께 파는 약국이에요. 처방전이 필요 없는 종류의 약, 응급상자용 비상약품은 모두 이곳에서 구입할 수 있어요.

이 약은 처방전이 필요합니까?

Is this a prescription drug?

이즈 디즈 어 프리스크립션 드러그

이 처방전을 조제해 주시겠어요?

Would you make up this prescription, please?

우쥬 메익 업 디스 프리스크립션, 플리즈

붕대와 거즈 주세요.

I'd like some bandages and gauze.

아이드 라익 썸 밴디쥐즈 앤 거즈

감기약 주세요.

I'd like some medicine for the cold.

아이드 라익 썸 메디슨 포 더 콜드

여기 진통제가 들어 있습니까?

Is there any pain-killer in this?

이즈 데어 에니 페인 킬러 인 디스

이 약을 먹으면 통증이 가라앉을까요?

Will this medicine relieve my pain?

윌 디스 메디슨 릴리브 마이 페인

10 대화 다시 듣기

☐ ☐ ☐

A: 하루에 몇 번 먹어요?

B: 4시간마다 드세요.

앞에서 배운 대화 내용입니다. 빈 칸을 채워보세요. 기억이 잘 안 난다고요? 녹음이 있잖아요. 녹음을 듣고 써보세요 . 정답은 각 유닛에서 확인하세요.

01 병원에서

A: Excuse me, ______________________________?

B: Go up this way, it's on your right side.

실례합니다. 접수처가 어디 있어요?
이 길로 곧장 가시면 오른쪽에 있습니다.

02 증세를 물을 때

A: Is something wrong with you?

B: ______________________.

어디가 아프세요?
머리가 아파요.

03 증상을 설명할 때

A: ____?

B: Oh, about three days.

기침한 지 얼마나 됐어요?
아, 한 사흘쯤 됐어요.

04 아픈 곳을 말할 때

A: ____.

B: Put your forehead on here.

눈이 쉬 충혈되고 피곤해요.
이마를 여기에 대세요.

05 검진을 받을 때

A: ____?

B: Yes, I had tuberculosis when I was a child.

큰 질병을 앓은 적이 있으세요?
네, 어릴 때에 결핵을 앓았습니다.

06 수술을 받을 때

A: ______________________________?

B: No, not yet. She should be soon.

에이미 수술은 끝났어요?
아직요, 곧 끝날 거예요.

07 입원 또는 퇴원할 때

A: ______________________________?

B: You'll be ready in a week.

언제 퇴원할 수 있죠?
일주일 후에는 퇴원해도 될 겁니다.

08 치과에서

A: I'm going to numb it up now.

B: Yes, ______________________________.

마취 주사를 놓을게요.
네, 안 아프게 해주세요.

09 병문안할 때

A: ______________________________.

B: Thank you for coming by.

몸조리 잘 하세요.
와줘서 고마워요.

10 약국에서

A: ______________________________?

B: You should take it every four hours.

하루에 몇 번 먹어요?
4시간마다 드세요.